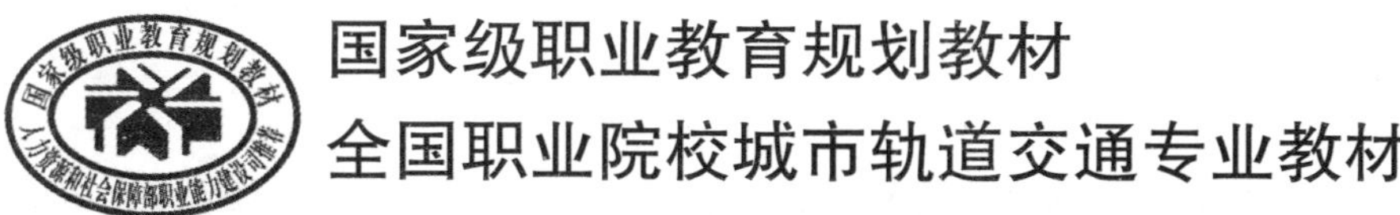

国家级职业教育规划教材

全国职业院校城市轨道交通专业教材

城市轨道交通乘客服务

人力资源社会保障部教材办公室组织编写

郭燕芬　主编

中国劳动社会保障出版社

简介

本书紧紧围绕职业院校对城市轨道交通专业人才的培养目标，紧扣城市轨道交通乘客服务工作实际，介绍了城市轨道交通的乘客服务工作内容、乘客投诉处理、乘客服务礼仪和乘客服务心理。

本书兼顾知识目标和能力目标，理论和实践结合较为紧密。本书在知识与技能的介绍中，穿插了大量案例分析、实践指南和拓展性知识，实用性、可读性较强。

本书由郭燕芬任主编，徐秋梅任副主编，郝阳青、郝宁宁参与编写。

图书在版编目（CIP）数据

城市轨道交通乘客服务 / 郭燕芬主编 . -- 北京：中国劳动社会保障出版社，2020
全国职业院校城市轨道交通专业教材
ISBN 978-7-5167-4717-9

Ⅰ. ①城… Ⅱ. ①郭… Ⅲ. ①城市铁路 – 旅客运输 – 职业教育 – 教材 Ⅳ. ①U293.22

中国版本图书馆 CIP 数据核字（2020）第 219943 号

中国劳动社会保障出版社出版发行
（北京市惠新东街 1 号　邮政编码：100029）

*

三河市华骏印务包装有限公司印刷装订　新华书店经销

787 毫米 × 1092 毫米　16 开本　9.25 印张　178 千字
2020 年 12 月第 1 版　2022 年 12 月第 4 次印刷

定价：20.00 元

营销中心电话：400-606-6496
出版社网址：http://www.class.com.cn
http://jg.class.com.cn

前　言

我国城市轨道交通自1965年北京地铁一期工程建设开始，经过了50余年的建设和发展，取得了显著成就。近年来，城市轨道交通正处于大规模高速发展时期，以北京、上海、广州为代表的特大城市已进入网格化建设阶段，尚有几十个城市正在建设或规划中。实践证明，发展城市轨道交通是解决城市交通问题的有效途径，对促进城市经济持续发展也起到了重要作用。

随着城市轨道交通行业的高速发展，城市轨道交通企业对从业人员的知识水平和职业能力提出了更高的要求。为了培养更加符合城市轨道交通企业需求的技能人才，我们组织了一批教学经验丰富、实践能力强的一线教师和行业、企业专家，在充分调研的基础上，编写了这套全国职业院校城市轨道交通专业教材。

这套教材包括《城市轨道交通概论》《城市轨道交通车辆基础》《城市轨道交通车站设备基础》《城市轨道交通行车组织》《城市轨道交通客运组织》《城市轨道交通车辆驾驶》《城市轨道交通乘客服务》《城市轨道交通车辆维护与检修》和《城市轨道交通安全管理》。

本次教材编写工作的重点主要体现在以下几个方面：

第一，突出教材的实用性。本着“学以致用”的原则，根据城市轨道交通企业的工作实际安排教材的结构和内容，对操作性较强的课程，教材在编写中安排了技能训练，突出对学生实际操作能力的培养。

第二，突出教材的先进性。根据城市轨道交通行业的现状和发展趋势，教材在编写过程中尽可能多地体现了新知识、新技术、新方法、新设备，以期缩短学校教育与企业岗位需求的距离，同时，严格执行国家最新技术标准。

第三，突出教材的易用性。新版教材充分考虑学生的认知规律，注重利用图表、实物照片和案例辅助讲解知识点和技能点，为学生营造生动、直观的学习环境，激发学生的学习兴趣。同时，教材还配有电子课件和习题册，便于教师开展教学和学生课后复习。

本套教材的编写得到了有关省市教育部门、人力资源社会保障部门和一批职业院校的大力支持，教材编审人员做了大量的工作，在此，我们表示诚挚的谢意！同时，恳切希望广大读者对教材提出宝贵的意见和建议。

人力资源社会保障部教材办公室

目　录

第一章　城市轨道交通乘客服务概述

学习目标

- ❖ 了解服务的含义及特点。
- ❖ 了解城市轨道交通乘客服务的含义及特点。
- ❖ 掌握城市轨道交通乘客服务的内容。
- ❖ 能够根据城市轨道交通乘客服务人员素质要求提升自身服务能力。
- ❖ 能够根据城市轨道交通乘客服务工作标准熟练完成乘客服务工作。

城市轨道交通作为城市的标志性工程和未来城市交通网络的骨干，在城市的居民公共生活中扮演着重要的角色。城市轨道交通因向乘客提供安全、快捷、准时、舒适的优质服务而备受人民群众的欢迎，因此，它在城市公共交通中占有重要的地位。随着近年来城市轨道交通的迅速发展，提高城市轨道交通乘客服务质量和乘客服务满意度显得日益重要。

第一节　乘客服务基础知识

城市轨道交通乘客服务工作是城市轨道交通运营工作的重要组成部分，是反映城市轨道交通服务质量的一个主要因素，它以实现乘客安全、快捷、准时、舒适出行为目的。

一、服务的含义及特点

1. 服务的含义

一般来说，服务是指借助一定资源，以无形的方式发生在顾客与服务人员之间，满足顾客需求和解决顾客问题的一种或一系列行为。

在服务行业，服务是指为顾客做事，使顾客从中受益。服务就是为他人利益或为某种事业而工作，以满足他人需求的活动。顾客是服务产品的接受者，服务人员是服务产品的生产者，服务依赖于两者而存在，是结果和过程的统一。

2. 服务的特点

服务是无形的，不能以固定的实体来表现，却能被顾客感受到。服务人员的举止、眼神、表情都能给顾客以直观的印象，给顾客造成或好或坏的心理感受，从而决定服务质量。

因此，与普通有形产品相比，服务有其不同的特点。

（1）无形性

服务不可储存，通常为无形产品，不容易传递，顾客难以量化评定服务质量。

（2）个性化

在生活中，每个顾客都是独特的个体，其个性、心理、喜好、需求千差万别，因此，服务往往是个性化的。

（3）实时性

顾客只在服务产生的同时得到服务，并对此进行体验，服务的生产和消费是同步的，同时，服务质量和顾客满意度来自服务人员与顾客的互动。因此，服务具有实时性。

（4）不可转移性

服务是一种人的行为，只能被人所享用，但不能为他人所占有，服务本身不发生所有权的转移。

二、城市轨道交通乘客服务的含义及特点

城市轨道交通乘客服务是按照城市轨道交通乘客服务的工作标准、车站工作规范和相关管理制度，以乘客的需求为中心，为实现乘客安全、快捷、准时、舒适出行而提供的优质服务，如图 1–1 所示。除了具有服务的一般特点外，城市轨道交通乘客服务还具有相关性、稳定性、单一性、先进性等特点。

图 1–1　城市轨道交通乘客服务

1. 相关性

城市轨道交通乘客服务的相关性是指城市轨道交通乘客服务的构成因素是相互影响、相互制约的，某一因素的变化会带动其他因素发生相应变化。公共交通市场的需求受乘客收入水平、喜好及社会文化等因素的影响，特别是社会、经济环境和政策法规的变化会对其产生决定性的影响。例如：2003 年的 SARS 疫情期间，广州地铁客流量下降了 10%；而在 2005 年下半年，随着国际油价大幅上涨，加油站车满为患，广州地铁客流量迅速增长了约 10%。

2. 稳定性

城市轨道交通是现代城市公共交通的骨干和城市重要的基础设施，其运行相对来说是非常稳定的，这种相对的稳定性是由其自身的特点所决定的。无论客流量多少、盈利状况如何，城市轨道交通作为公益性事业都必须经营和提供服务，而且还要保持一定的服务水平。

3. 单一性

城市轨道交通乘客服务具有单一性。一方面，城市轨道交通乘客服务的生产过程和消费过程不可分割，所以城市轨道交通乘客服务营销渠道单一，环节较少；另一方面，城市轨道交通乘客服务具有明显的地域性，服务地点只能固定在一个城市及其周边的较窄范围内。

4. 先进性

城市轨道交通运载量大，自动化程度高，多采用较为先进的自动控制系统。与其他公共交通方式相比，其设备和设施有着无法比拟的优势。

三、城市轨道交通乘客服务的主要内容

城市轨道交通乘客服务主要包括以下内容：

1. 安全检查

安全检查主要是检查乘客及其行李物品中是否有枪支弹药、管制刀具、易燃易爆及有放射性、毒害性等可能影响公共安全的违禁物品，如图 1-2 所示。它包括正常情况下的安全检查，乘客携带超长、超重物品时的安全检查，乘客包内有违禁物品时的安全检查，客流高峰时的安全检查等。

2. 站台候车服务

站台候车服务主要是提醒和制止乘客在站台候车时不文明、不安全、不符合车站有关规定的行为（如拥堵车门、吸烟、站在黄色安全线以外候车、冲上正在关门的列车等），帮助身体不适的乘客休息、治疗，以及帮助老、幼、病、残、孕等行动不便的乘客上下车等。

3. 问询引导服务

问询引导服务主要包括：利用城市轨道交通车站的导向标志（见图 1-3）、广播、告示等为乘客提供导向服务；开通互联网官方网站，公布相关的行车信息、票务政策；开设乘客

图 1-2　安全检查

图 1-3　导向标志

信箱、乘客服务中心，开通咨询、投诉热线，安排专人接听电话，解答乘客问题，处理乘客投诉事件；在站台、站厅和票亭等处提供现场问询服务等。

知识窗

车站告示——导向指引的补充

车站告示是城市轨道交通车站发布临时信息的一种有效媒介，是固定的导向指引的一种补充，主要用于临时公示城市轨道交通相关信息或对乘客进行劝导、指引等。根据功能的不同，车站告示大致分为日常告示和应急告示。车站值班员应根据车站运营组织需要，合理安排设置相关告示，确保向乘客提供准确、及时的信息。

1. 日常告示

日常告示主要是指引类告示，即用于指引乘客进出站、购票、候车等的告示，通常在一个阶段内摆放在相应设备附近、车站内转角处或岔路口。日常告示又包括以下几种：

（1）末班车告示

末班车告示通常于末班车停运前 5 分钟摆放在每组闸机和自动售票机前，也可视情况摆放在车站主要进站通道处。

（2）服务时间更改告示

服务时间更改告示通常提前 3 天摆放在每个票务处以及每组闸机和自动售票机前。

2. 应急告示

应急告示主要用于在城市轨道交通运营发生异常时对乘客进行指导、劝导、解释。它通常包括异常信息告示（如列车晚点告示）、补救措施告示（如票务处理告示、公交接驳告示）等。

（1）列车晚点告示

列车晚点告示通常在列车晚点 20 分钟后张贴在车站出入口通道，以及每组闸机和自动售票机前。

（2）票务处理告示

票务处理告示用于公示在列车晚点等情况下退票、处理车票等信息。它通常在列车晚点 20 分钟后张贴在每个票务处。

（3）公交接驳告示

公交接驳告示用于公示启用公交接驳预案、指引乘客到公交接驳点候车等信息。它通常在启用公交接驳预案后张贴在通往公交接驳出入口的临时通道上。

车站告示要美观、整洁、字体端正、内容正确。告示必须张贴在立柱画框的中央，不能歪斜，告示、立柱及胶片上不得有污渍残留。立柱双面告示的内容必须一致，禁止出现正、反两面告示内容不同的现象。使用完毕的告示（如已过时限的末班车告示等）必须放在乘客可视范围之外，以免误导乘客。

4. 乘客爱心服务

乘客爱心服务是指乘客服务人员利用完善的设施设备为老、幼、病、残、孕等特殊群体提供的服务。例如，为协助残障乘客顺利乘车，城市轨道交通车站设置盲导带、临时通道门盲文导向牌、出入口盲文导向牌、液压电梯、轮椅牵引机等助残设施。

5. 协助寻人、寻物服务

在城市轨道交通车站和车厢中，乘客走失或者遗漏物品的现象是十分常见的。协助寻人、寻物服务主要就是协助乘客寻找走失的人员或遗失的物品。

6. 综合治安事件处理

综合治安事件处理主要是制止乘客纠纷（吵架或打架）、醉酒闹事、盗窃财物等危害公共安全，影响公共秩序，造成他人人身、财产损失的行为，保护乘客及城市轨道交通企业人身财产安全，维护良好的车站治安环境。必要时，协助公安部门保护现场，组织处置、抢救工作。

7. 客伤事件处理

客伤事件处理主要是按照救死扶伤、减少损失、及时取证、配合调查、排除故障、恢复运行、善后处理、减少负面影响的原则进行，把人身损害和财产损失降到最低，维护城市轨道交通企业形象。同时，按照国家有关规定及时向相关部门报告，并配合公安部门及时对现场进行勘查、检验，依法进行现场处理。

四、城市轨道交通乘客服务的要求

城市轨道交通企业为乘客提供的服务必须达到以下要求：为乘客提供安全、快捷、准时、舒适、文明和持续改进的服务；为乘客提供符合服务规范的服务设施、候车环境和乘车环境；为乘客提供规范、有效的乘车信息；在非正常情况下为乘客提供必要的安全信息和指导信息；为残障乘客等特殊人群提供爱心服务；为乘客提供的公益或商业服务应以方便乘客、提高服务质量为目标，保证乘客服务质量不受影响。

此外，城市轨道交通企业应建立内部服务监督制度，将服务评价、考核纳入日常工作的评价、考核体系。对外应接受社会的监督，设置服务监督（投诉处理）机构，公布服务监督电话和服务监督机构的通信地址。对内应定期进行自我服务评价，每年自我评价次数应不少于一次；评价结果应在车站公示栏内公示，并向社会公布。同时，应定期委托第三方进行评价，评价结果应在车站公示栏内公示，并向社会公布。对不合格的服务项目应进行改进，将改进结果记录存档。

第二节　乘客服务人员素质要求

城市轨道交通乘客服务人员是乘客服务的提供者、与乘客情感交流的使者，也是城市文明的传递者。因此，乘客服务人员不仅要有敏锐的服务意识、扎实的专业知识，还要有娴熟的服务技巧、良好的沟通能力等综合素质。

一、敏锐的服务意识

服务意识是服务人员主动为乘客提供优质服务的意念和愿望，是服务行为的驱动力，是更好满足乘客需求的前提和基础。乘客服务人员必须在完成规范化服务的同时，善于发现乘客需求，具备超前意识，给乘客带来满意和惊喜的服务。同时，乘客服务人员还要把服务意识和服务技能高度统一起来，在具备强烈服务意识的前提下，合理运用服务技能，把优质的服务奉献给乘客。

二、扎实的专业知识

只有具备扎实的专业知识，才能顺利解决乘客的各种问题，满足乘客安全、快捷、准时、舒适出行的需求，为乘客提供高质量的服务。乘客服务人员必须认真学习乘客服务有关规章制度与标准，明确各服务岗位职责，熟练掌握各岗位的服务技能，严格按照各岗位的作业标准进行工作，全心全意为乘客服务，让乘客享受优质的服务。

三、娴熟的服务技巧

服务是一门艺术。乘客服务人员可以通过亲和的微笑、温馨的问候、得体的语言等服务技巧，为乘客奉献优质服务。

1. 亲和的微笑

对于乘客服务人员来说，微笑不仅是自身文化素质和礼貌修养的体现，更是对乘客的尊重与热情的体现。亲和的微笑可以引发乘客发自内心的好感，拉近与乘客的距离，使双方关系融洽，在客流高峰时可以稳定乘客焦虑急躁的情绪，在轻松和愉快中实现优质服务。有时，微笑服务还可以弥补乘客服务人员工作上的某些轻微过失。

2. 温馨的问候

每一句真诚的问候，都是对乘客的尊重和关心。初次见面时的问候可以迅速表达乘客服务人员的心意与真诚，给最初接触的乘客留下好印象，有利于服务工作的顺利展开，提升服务质量。

3. 得体的语言

得体的语言会表现出乘客服务人员的亲和力，让乘客倍感亲切，而只有具有亲和力的服务才能真正赢得乘客的称赞。因此，乘客服务人员在工作中应做到亲切和蔼、语言文雅、语调温柔。同时，要尽量从乘客角度理解乘客的心理和服务需要，站在乘客的立场说话办事。此外，在拒绝乘客时，尽量不要采用否定句，而要用委婉的语气加以表达，避免给乘客留下不好的印象。

除有声语言外，乘客服务人员还可以通过肢体语言提升服务质量。因为形体动作、表情、眼神也包含尊重乘客、全心全意为乘客服务的内涵。实际上，在乘客服务人员的声音里也包含着非常丰富的肢体语言。在服务的过程中，说每一句话的音色、语态等，都是肢体语言的一部分。

四、良好的沟通能力

学习并掌握与乘客沟通的技巧有利于乘客服务人员与乘客进行愉快的交流，提高乘客的满意度，提升服务质量。乘客服务人员可以从看、听、说、问等方面进行沟通技巧的培养，提高服务能力。

首先，要学会细致观察乘客。面对来来往往的乘客，乘客服务人员要学会察言观色，寻找乘客情绪高、心情好、有兴致的时机与乘客进行交流，愉快沟通。同时，要把握看的距离。当乘客进入乘客服务人员的工作范围或乘客服务人员与乘客对视时，乘客服务人员要有相应表情，以示尊重。

其次，要学会积极聆听，理解乘客的需要和表达的情感。乘客服务人员在与乘客交谈时要时刻注意给乘客说话的机会，并适时有反馈语言表达，如“嗯”“好”等。与乘客交流的秘诀是多听，善于倾听的乘客服务人员容易被乘客所理解，自然投诉少，服务质量高。

最后，要懂得适时提问。当乘客服务人员理解了乘客的谈话内容，正确把握了乘客的情感，明确了乘客所需要解决的问题时，乘客服务人员就可以提问。这样既可以表示尊重，也可以避免打断对方谈话的思路。同时，提问时要尽量采用征询式用语，如“请问”“劳驾”“需要为您做什么吗？”“您还有其他事情吗？”等。

五、美好的职业形象

美好的职业形象可以在乘客心中产生良好的首因效应。首因效应又称第一印象，是指第一次交往过程中形成的最初印象，具有先入为主的特点。美好的职业形象可以给乘客带来亲切感，拉进与乘客的距离，增加乘客的愉悦感，有利于做好服务工作。同时，美好的职业形象也代表了城市轨道交通企业的整体形象。所以，乘客服务人员必须注重塑造美好的职业形象。

美好的职业形象不是单指美丽的外表，而是在美好外形条件的基础上一种优雅气质的外显，体现出一种整体美和亲和力。乘客服务人员不仅要有美好的仪容仪表，还需要时刻保持发自内心的真诚微笑，以表示对乘客的尊重。

六、终身学习的理念

当代社会所需的人才是具有创新与思考的学习力的员工，而非劳力员工，个人的学习力决定了其未来的职业生涯发展。有终身学习理念的人会努力学习文化知识、专业知识和服务技能，更加豁达，更加善于接纳新的事物，更容易创造良好的沟通氛围，而这都有助于培养高雅的气质和亲和力。因此，拥有终身学习的理念并持之以恒地学习，是乘客服务人员做好本职工作的需要，也有利于乘客服务人员在城市轨道交通行业的职业生涯发展。

七、强烈的团队精神

团队精神就是合作共赢的信念，它能使一群有能力、有信念的人在特定的组织中，为了一个共同的目标相互支持、共同奋斗，直到目标的实现。团队精神不仅能激发个人的能力，而且能激励团队中的所有成员发挥潜力、探索和创新。城市轨道交通乘客服务的实施需要团队的共同努力，需要每个岗位的工作人员相互配合、团结协作、相互鼓励，从而实现城市轨道交通乘客服务安全、快捷、准时、舒适的工作目标。因此，每位乘客服务人员都必须具备强烈的团队合作精神，团结协作，提供优质的城市轨道交通乘客服务，树立企业及个人的良好形象。

八、过硬的心理素质

各种突发事件处置成功与否，直接取决于处理者的心理素质高低。在城市轨道交通运营过程中，乘客来自五湖四海，各式各样，各种复杂情况和突发事件都随时可能发生，这就需要乘客服务人员具备过硬的心理素质，能够解决复杂问题和应对突发事件。一名优秀的乘客服务人员在面对各种突发事件和紧急情况时，必须做到处变不惊、沉着果断。

同时，由于城市轨道交通乘客对服务的期望值往往较高，所以乘客服务人员的从业心理压力一般较大。这就要求乘客服务人员面对挫折、打击，甚至受到乘客的不公正对待时，要善于控制自己的情绪，约束自己的情感，克制自己的举动，把握好自己的行为准则，无论与哪类乘客接触，无论发生什么问题，都能镇定自若，始终为乘客提供优质服务。

第三节　乘客服务工作标准

服务是软性的，但服务质量是可以衡量的。各个服务行业对服务的要求不尽相同，但从业人员的行为举止必须符合一定的标准。城市轨道交通乘客服务工作标准包括服务意识标

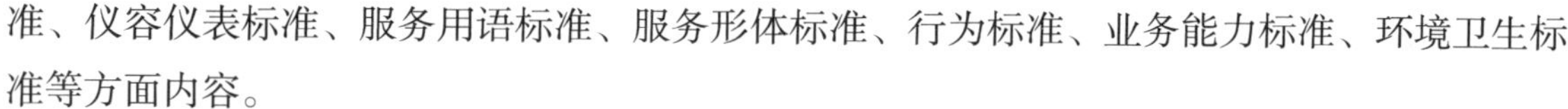

准、仪容仪表标准、服务用语标准、服务形体标准、行为标准、业务能力标准、环境卫生标准等方面内容。

一、服务意识标准

乘客服务人员在乘客服务区应保持良好服务意识，言行举止要注意文明礼貌，要主动、热情地向有需要的乘客提供帮助，树立文明、热心、周到的形象，如图 1–4 所示。

图 1–4　服务人员热情引导乘客进站

1. 站厅服务人员的服务意识标准

站厅服务人员服务乘客时要做到“四多”，即多看、多听、多巡视、多引导。要多看有无异常情况，有无需要帮助的乘客；多听乘客对服务的意见、建议；多巡视及了解站厅客流情况，留意乘客动态；多引导乘客到所需之处。

2. 站台服务人员的服务意识标准

站台服务人员服务乘客时要做“四到”“四多”和“三勤”。

（1）“四到”

“四到”即心到、话到、眼到、手到。心到是指精神高度集中，随时准备应付异常及突发情况；话到是指提醒乘客按排队箭头排队候车，及时进行安全广播；眼到是指密切注意乘客动态及屏蔽门运行状况；手到是指主动处理问题，例如，地面刚清洁后应及时放置“小心地滑”的标牌，设备出现故障时应放置“暂停服务”的标牌，地面有污物时应及时找保洁人员清除。

（2）“四多”

“四多”即多监控、多广播、多联系、多巡视。多监控是指密切监视站台乘客情况及屏蔽门运行状况，发生意外时采取合理措施；多广播是指通过人工广播提醒乘客看管好物品，看好小孩，不得打闹、追逐，不得推挤屏蔽门，应到人少的位置候车等；多联系是指发现异常情况时应多与司机、车站控制室及其他岗位人员联系；多巡视是指在每次列车到达的间隙应不间断巡视站台。

（3）“三勤”

“三勤”是指：在站台发现乘客伤亡事件或其他异常情况时，应及时寻找目击证人并记录；遇到蓄意滋事的乘客时，应及时与公安部门联系；站台客流不均匀时，应及时引导及控制，以防止乘客拥挤。

二、仪容仪表标准

为了树立良好的服务形象，乘客服务人员要严格要求自己的仪容仪表，如图 1–5 所示。

图 1–5　乘客服务人员仪容仪表

工作期间，要精神饱满，保持微笑，调整自己的情绪，避免把个人情绪带到服务岗位上。

上班时间，应按规定整齐统一穿工作制服，佩戴领带、领结、肩章、工号牌、胸卡。工号牌应戴在与左胸前口袋上沿线对齐的位置。胸卡应统一用胸卡带挂在胸前，佩戴胸卡时不得擅自改变胸卡挂绳、胸卡套的款式。

穿工作制服时，应衣装整洁，不缺扣，不立领，不挽袖挽裤。衬衫必须束入腰带。必须按规定穿黑色皮鞋，系黑色皮带，并保持光亮、整洁。

佩戴标志要清洁平整。肩章应佩戴于右肩上，服务品牌的宣传牌等应佩戴于工号牌中上方，党徽、团徽应佩戴于宣传牌中上方，绶带应佩挂于左肩上。

头发长度超过肩膀的女员工身穿工作制服时，必须佩戴头花，并将头发挽于头花网内。男员工不准留长发、大背头、大鬓角和胡须。

工作人员原则上只能在工作地点、工作时间穿着工作制服。已下班但仍身穿工作制服的工作人员，在车站内的行为举止一律按上岗时的规定执行。

除特殊情况外，各区域工作人员工作制服穿着类型应尽量统一（如站厅工作人员统一穿长袖或短袖等），地面站站台工作人员着装须全线统一。

化妆、发型、首饰应从简，不能佩戴夸张饰物，应保持端庄、整洁的仪容仪表。

三、服务用语标准

语言是乘客服务的重要工具。得体的语言会使乘客倍感亲切，反之则会使乘客感到生疏、不悦甚至愤怒。乘客服务人员在工作中应做到以下几点：

使用普通话，并提供基本的英语服务。交谈时亲切和蔼，语言文雅。

使用服务用语应规范、准确，吐字清晰。

服务用语应用中文书写，民族自治地区还应增加当地的民族文字。

与乘客交谈或使用人工广播时，必须使用“十字文明服务用语”，即“您好、请、谢谢、对不起、再见”。

与乘客交谈或使用人工广播时，应根据乘客的不同身份使用恰当的称呼用语（如先生、女士、小朋友、叔叔、阿姨、同志等），不得使用“喂”“嘿”“哎”等不礼貌用语称呼乘客。

回答乘客问题或使用人工广播时，应语调沉稳，语气舒缓，吐字清晰，声音圆润，语速适中，音量适宜，避免声音刺耳或使乘客不适。

处理乘客违章事宜时要态度和蔼，得理让人，不得讲斗气、噎人、训斥、顶撞的话。

站台巡视岗乘客服务人员标准服务用语见表 1–1。

表 1–1　　站台巡视岗乘客服务人员标准服务用语

使用场合	标准服务用语
列车进站前及进站时	各位乘客（或 ××），为了您和他人的安全，请站在黄色安全线内排队候车，多谢合作！ 各位乘客（或 ××），为了您的安全，请勿手扶屏蔽门，多谢合作！ 各位乘客（或 ××），由于现在站台乘客较多，请到站台 ×× 部候车，多谢合作！
列车到站停稳，车门打开	上车的乘客请注意，请小心列车与站台的空隙，先下后上，多谢合作！
列车将要关车门	各位乘客，车门即将关闭，没有上车的乘客请耐心等候下一趟车，请不要越出黄色安全线，多谢合作！
乘客越出黄色安全线	各位乘客（或站台 ×× 部的乘客），为了您和他人的安全，请站在黄色安全线内排队候车
乘客带气球进站	××，您好。为了您和他人的安全，请不要携带气球乘车，多谢合作！
小孩在站台上追逐、奔跑、打闹	××，您好。由于地面很滑，容易摔倒，请家长（您）带好您的小孩，不要在站台追逐、奔跑、打闹
有乘客走近（主动询问）	××，您好。请问有什么需要我帮助吗？ ××，您好。请问我能为您做点什么？
列车服务终止	各位乘客，今天的列车服务已经终止，请您尽快出站
乘客有物品掉下轨道	××，您好。请勿自行跳下轨道，我们的工作人员将会尽快为您拾回物品，多谢合作！

站厅巡视岗乘客服务人员标准服务用语见表 1–2。

表 1–2　站厅巡视岗乘客服务人员标准服务用语

使用场合	标准服务用语
要求乘客排队购票（高峰期）	各位乘客，请按秩序排队购票，多谢合作！
需要更换票筒、钱箱或维修故障	××，对不起，这台设备暂停使用，请您稍等，或请使用其他设备，谢谢！
指引乘客购票	请持有 5 元、10 元纸币的乘客直接到自动售票机上购票，需要兑换硬币的乘客请直接到售票中心
指引乘客到站厅人少的位置购票	各位乘客，本站另一端站厅乘客较少，为了节省您的时间，请到另一端站厅购票
某一方向列车服务终止	各位乘客请注意，开往 ×× 方向的列车服务已经终止，需要前往 ×× 方向的乘客请到地面转乘其他交通工具。不到之处，敬请谅解
乘客在站内吸烟	××，您好。为了您的安全，请不要在地铁站内吸烟！
乘客携带“三品”进站	××，对不起。根据规定，您不能携带 ×× 乘坐地铁，谢谢您的合作！

维修、保洁、稽查等人员在乘客服务区工作时，如遇乘客咨询，应以“您好”开始，询问乘客有什么需要帮忙，尽力解答乘客疑问。如果遇到不能解决的问题，应表示“请咨询车站工作人员”，并指示有关工作人员所在区域。

知识窗

常用服务用语

1. 问候用语

遇到乘客应主动问好，常用的问候语有“您好”“早上好”“下午好”“晚上好”，问好时要面带微笑，注视乘客。

2. 应答用语

当乘客询问时，应双眼注视乘客，面带微笑，仔细倾听。

向乘客致歉时应说：“实在对不起，这是我工作上的失误！”“给您添了许多麻烦，实在抱歉，请多多原谅！”

受到乘客表扬时应说：“这是我们应该做的，还请多提宝贵意见。”

当未听清楚乘客的问话时应说：“很对不起，我没听清楚，请重复一遍好吗？”

3. 服务忌语

服务忌语是指不适合在服务语言中出现的一些词语、语句等。例如：“不知道”“没人”“这不归我管”。又如：“有意见找领导去！”“刚才和你说过了，怎么还问？”“没看我正忙着吗，着什么急？”“你这人怎么那么麻烦，有意见可以投诉去！”

四、服务形体标准

乘客服务人员在服务乘客时应做到端庄大方、仪态优雅、举止文明。

1. 站厅巡视岗、站台岗服务人员的服务形体标准

遇到乘客求助、咨询时，站厅巡视岗、站台岗服务人员应做到以下几点：

面向乘客，身体挺直，双脚自然并拢。

双手互握（左手握右手或右手握左手，可根据是否手持扩音器、对讲机而定），放于身前，自然下垂。

微笑，点头，以“您好”开始，询问乘客有什么事需要帮忙。

处理完乘客事务后，以“再见”结束，并将单手斜抬起，行送别的礼仪。

2. 车站控制室服务人员的服务形体标准

遇到乘客在窗外示意需要咨询、帮助时，车站控制室服务人员应做到以下几点：

根据车站控制室的实际情况，可站起或端坐原位处理事务。

看到乘客后，面向乘客，微笑，点头，并将单手斜抬起，指向对讲设备处，示意乘客靠近对讲设备处讲话。

对话以“您好”开始。与乘客对话时，上身应尽量前倾，靠近对讲设备，以示对乘客的尊重。

处理完乘客事务后，以“再见”结束，并将单手斜抬起，行送别的礼仪。

3. 票亭岗服务人员的服务形体标准

遇到乘客办理兑零、充值、更新、激活等票务时，票亭岗服务人员应做到以下几点：

微笑，点头，单手向上斜抬起，行欢迎的礼仪。

按标准完成兑零、充值、更新、激活等票务，注意唱票。

当付费区、非付费区同时有事务需要处理时，应向一方说“请稍候”后再处理另一方事务。

处理完乘客事务后，以“再见”结束，并将单手斜抬起，行送别的礼仪，如图 1–6 所示。

图 1–6　票亭岗服务人员行送别的礼仪

五、行为标准

无论在岗还是离岗期间，所有乘客服务人员均应以维护、提升企业形象为己任，全心全意为乘客服务，遵守以下行为标准：

在岗时，应精神饱满，举止大方，行

为端正。不得将个人情绪带到工作上，不得剪指甲、挖耳朵、打哈欠及伸懒腰等。

维修作业人员不得有倚靠设备、蹲地、吵闹等不文明行为。

站立时，应站姿挺拔，双手自然下垂或双手互握自然下垂放于身体前方，不得背手、抱臂、玩手指、玩钥匙、手插进口袋、手搭在物品上、倚靠墙柱等。坐着办公时，身体要正，要挺胸，不得斜躺、抖腿、用手托腮及趴在桌面上。总之，做到“站有站相，坐有坐姿”。

引导员、站务员、值班员、值班站长不准带手机上岗，但车务部门也可视实际需要临时批准值班站长带手机上岗。

要保持车站控制室对外服务形象，非车站控制室当班人员不得在车站控制室内逗留。

要专心认真工作，不做与岗位无关的事情，如聊天、说笑、追逐打闹、看书、看报、吃东西、私自会客、用电话聊天或发短信等。

乘车时要注意文明礼让，主动让座给有需要的乘客，不得与乘客争抢座位。

对违反有关规定的乘客应采用解释、引导、委婉的语言，尽量站在乘客的角度解释自己是从乘客安全、利益的角度出发，严禁对乘客有大声呵斥及推、拉、扯、拽等行为。

回答乘客咨询时，要耐心有礼，面带微笑，不得不理睬，不得边走边回答，不得边工作边回答，也不得以摇头、点头等方式回答乘客，应站立或停下手中工作认真回答。如果工作确实无法中止，应请乘客稍等，并在工作完成后第一时间回答。

要维护企业利益，主动制止破坏车站、列车秩序，损害企业利益的行为，主动阻止、举报票务违章行为。

在发生列车故障等突发事件时，应主动维持秩序，对乘客进行引导。

六、业务能力标准

为了向乘客提供高水平的服务，乘客服务人员必须熟练掌握本岗位的工作技能，做到以下几点：

清楚乘客服务的各项规章制度并自觉遵守，如《城市轨道交通运营管理规定》（中华人民共和国交通运输部令 2018 年第 8 号）等有关规定。

明确自身岗位职责，熟悉工作流程，掌握相应岗位的服务技巧，提高服务水平。

熟悉紧急情况下的各种应急预案，确保乘客人身、财产安全。

熟悉城市轨道交通相关情况，如车站布局、设施设备位置及使用方法、线路及车站周围情况等，以便更好地服务乘客。

七、环境卫生标准

城市轨道交通车站是云集众多乘客的公共场所，必须保持车站的整洁有序，尽力为乘

客创造舒适的乘车环境。因此，每名乘客服务人员都应保持本岗位的整洁，要做到窗明地净，四壁无尘，内外整洁，具体要求如下：

地面、台阶及乘客候车座椅无痰迹、垃圾、尘土、保洁用具等堆放物，站台屏蔽门、墙、柱、门、窗无痰迹、印迹、泥点、黑灰，各边、角、棱、沿无黑灰、蛛网。垃圾箱周围不得有污迹、杂物，箱体外部不得有污垢，箱内杂物不得超过箱口。

票亭、监控亭、车站控制室内物品按规定摆放整齐，台面无杂物（包括水杯、饮料瓶、抹布等）、积尘，亭壁、玻璃干净，无污渍、油渍、胶渍和违规张贴物等。

门前三包区域无乱停车辆，无摆卖摊贩，无乞讨卖艺等闲杂人员。

各出入口 5 米范围内必须保持整洁，地面、墙壁及玻璃等处无乱张贴、涂写现象，无杂物堵塞通道。

出入口及公共区扶梯表面干净整洁，扶手带、挡板无灰尘，扶梯上无垃圾杂物。

思考与练习

1. 简述服务的含义及特点。
2. 简述城市轨道交通乘客服务的含义及特点。
3. 城市轨道交通乘客服务人员应具备哪些素质？
4. 简述城市轨道交通乘客服务工作标准。

第二章　城市轨道交通乘客服务工作内容

学习目标

❖ 了解各项城市轨道交通乘客服务的工作内容。

❖ 掌握各项城市轨道交通乘客服务的工作要求，能够按照标准工作流程完成各项乘客服务工作。

❖ 掌握城市轨道交通乘客服务的工作技巧。

城市轨道交通乘客服务工作主要包括安全检查、站台候车服务、问询引导服务、乘客爱心服务、协助寻人寻物服务、综合治安事件处理和客伤事件处理等。乘客服务人员应当按照城市轨道交通乘客服务工作标准、车站工作规范和相关管理制度，熟练掌握各项城市轨道交通乘客服务的工作要求和工作技巧，为实现乘客安全、快捷、准时、舒适出行提供各种优质服务。

第一节　安 全 检 查

随着城市轨道交通的快速发展，乘客数量不断攀升，保证城市轨道交通安全的问题也越来越突出。安全检查事关城市轨道交通运营和乘客人身安全，是车站每日的重要工作。城市轨道交通企业应当按照有关标准和操作规范，设置必要的安全检查设施设备，配备符合标准的安全检查人员，依法依规对进站乘客及其携带的物品进行安全检查，杜绝危害城市轨道交通安全的行为。

一、安全检查工作内容

安全检查简称安检，是指为降低安全风险所采取的一切检验手段。安全检查的工作内容主要是检查乘客及其携带的物品中是否有枪支弹药、管制刀具、易燃易爆及有放射性、毒害性等可能影响公共安全的违禁物品，严防“三品”进站，劝止携带宠物及超长、超大、超重物品的乘客进站乘车，确保城市轨道交通运营及乘客的安全。

常见城市轨道交通违禁物品如图 2–1 所示。

图 2–1　常见城市轨道交通违禁物品

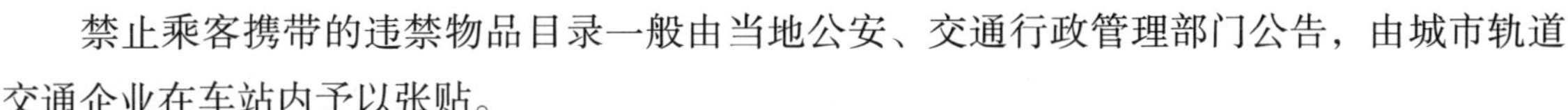

禁止乘客携带的违禁物品目录一般由当地公安、交通行政管理部门公告，由城市轨道交通企业在车站内予以张贴。

知识窗

北京市轨道交通禁止携带物品目录（2020修订版）

一、枪支、子弹类（含主要零部件）

（一）军用枪：手枪、步枪、冲锋枪、机枪、防暴枪等以及各类配用子弹。

（二）民用枪：气枪、猎枪、运动枪、麻醉注射枪等以及各类配用子弹。

（三）其他枪支：道具枪、发令枪、钢珠枪等。

（四）上述物品的样品、仿制品。

二、爆炸物品类

（一）弹药：炸弹、照明弹、燃烧弹、烟幕弹、信号弹、催泪弹、毒气弹、手雷、地雷、手榴弹等。

（二）爆破器材：炸药、雷管、导火索、导爆索、导爆管、震源弹等。

（三）烟火制品：礼花弹、烟花、鞭炮、摔炮、拉炮、砸炮等各类烟花爆竹以及发令纸、黑火药、烟火药、引火线等。

（四）上述物品的仿制品。

三、管制器具及具有一定杀伤力的其他器具类

（一）管制刀具：匕首，三棱刮刀，带有自锁装置的弹簧刀（跳刀），刀尖角度小于60度、刀身长度超过150毫米的各类单刃、双刃和多刃刀具，刀尖角度大于60度、刀身长度超过220毫米的各类单刃、双刃和多刃刀具，以及符合上述条件的陶瓷类刀具。

（二）催泪器、催泪枪、电击器、电击枪、防卫器、弓、弩等具有一定杀伤力的器具。

（三）射钉弹、发令弹等含火药的制品。

（四）菜刀、砍刀、美工刀等刀具，锤、斧、锥、铲、锹、镐等工具，矛、剑、戟等，以及其他可造成人身被刺伤、割伤、划伤、砍伤等的锐器、钝器。

（五）警棍、手铐等军械、警械类器具。

四、易燃易爆品类

（一）压缩气体和液化气体：氢气、甲烷、乙烷、丁烷、天然气、乙烯、丙烯、

乙炔（溶于介质的）、一氧化碳、液化石油气、氟利昂、氧气（供病人吸氧的袋装医用氧气除外）、水煤气等及其专用容器。

（二）易燃液体：汽油、煤油、柴油、苯、乙醇（酒精）、丙酮、乙醚、油漆、稀料、松香油及含易燃溶剂的制品等及其专用容器。

（三）易燃固体：红磷、闪光粉、固体酒精、赛璐珞、发泡剂 H 等。

（四）自燃物品：黄磷、白磷、硝化纤维（含胶片）、油纸及其制品等。

（五）遇湿易燃物品：金属钾、钠、锂、碳化钙（电石）[①]、镁铝粉等。

（六）氧化剂和有机过氧化物：高锰酸钾、氯酸钾、过氧化钠、过氧化钾、过氧化铅、过醋酸、双氧水等。

（七）2 个以上普通打火机；2 小盒以上安全火柴；20 毫升以上指甲油、去光剂、染发剂；120 毫升以上的冷烫精、摩丝、发胶、杀虫剂、空气清新剂等自喷压力容器。

五、毒害品类：氰化物、砒霜、剧毒农药等剧毒化学品以及硒粉、苯酚等。

六、腐蚀性物品类：硫酸、盐酸、硝酸、氢氧化钠、氢氧化钾、蓄电池（含氢氧化钾固体、注有酸液或碱液的）、汞（水银）等。

七、放射性物品类：放射性同位素等。

八、传染病病原体：乙肝病毒、炭疽杆菌、结核杆菌、艾滋病病毒等。

九、其他危害公共安全、列车运行安全的物品，如可能干扰列车信号的强磁化物、有强烈刺激性气味的物品、不能判明性质可能具有危险性的物品等。

十、国家法律、行政法规、规章规定的其他禁止持有、携带、运输的物品。

此外，有些地方规定，一些生活类物品由于含有一定的挥发性物质（如摩丝、指甲油、香水、高度白酒等），也是限量携带的。有些地方规定，禁止乘客携带活禽和猫、狗、蛇等宠物乘车。

知识窗

广州市城市轨道交通乘客守则（节选）

第十一条　乘客禁止携带以下物品乘坐轨道交通：

（一）枪械弹药和管制刀器具、爆炸物品及上述物品仿制品，但国家安全、军

---

① 碳化钙为金属化合物。

务、警务、海关等特种人员持有效证件执行公务的除外；

（二）易燃、易爆、有毒、有害、放射性、腐蚀性、传染病病原体等危险品，有严重异味、刺激性气味的物品；

（三）可能引起乘客恐慌情绪、危及乘客人身和财产安全或影响轨道交通设施安全的物品（含充气气球、液氮、强磁化物等），但用于应急抢险的工具除外；

（四）自行车，但使用完整包装且符合本守则第九条携带行李规定的折叠自行车除外，电瓶车、电动滑板等电动代步工具，但无障碍用途的电动轮椅除外；

（五）活禽和猫、狗、蛇等宠物以及其它可能妨碍轨道交通运营或其他乘客乘车的动物，但正在执行公务的专用动物以及有识别标志、持有相关有效证件，且采取保护措施的导盲犬只除外；

（六）法律、法规、规章、标准等有关规定中禁止、限制持有、携带、运输的物品。

二、安全检查工作要求

开展安全检查要依法依规，相关法律法规主要包括《城市轨道交通运营管理规定》等全国性法律法规，以及各地城市轨道交通管理条例中的相关规定。工作人员依法对乘客及其携带的物品进行安全检查时，乘客应予配合。

安全检查岗位工作人员要遵守各项法律法规和各地城市轨道交通规章制度，对违反有关法律法规和规章制度的行为应予以制止并及时向上级报告；要熟练掌握各种安全检查设施设备的操作方法，对所有进入城市轨道车站的人员进行安全检查，不得有任何特殊的免检对象；要按照“逢包必检、逢液必查、逢疑必检”的安全检查要求，引导乘客进入安全检查区域；要对可疑物品进行针对性探测，确定可疑物品性质，及时移交现场安保人员处理并做好记录；对无异常的行李包裹，要疏导乘客尽快离开安全检查点，以便其他乘客通行。

实践指南

对哪些乘客可以拒绝其进站?

一是拒不接受安全检查的乘客。

二是携带违禁物品的乘客。

三是乞讨人员、小摊贩等。

四是具有其他违规行为的乘客。

三、安全检查设施设备

为了做好安全检查，相关工作人员必须了解并熟练使用各种安全检查设施设备。

安全检查设施设备主要有三种。一是 X 射线安全检查设备，主要用于检查乘客的行李物品。二是通过式金属探测门，用于检查乘客的身体，主要检查乘客是否携带违禁物品。三是手持式金属探测器，主要用于对乘客进行近身检查。

乘客首先应将行李物品放到 X 射线安全检查设备的输送带上，工作人员通过显示器进行检查。如果发现有异物，须由工作人员开包检查。若存在违禁物品，工作人员有权要求乘客转乘其他交通工具或将违禁物品遗弃。对公安部门明令禁止携带的违禁物品可予以没收，并做好相关记录。拒不服从工作人员检查处理且情节严重者，可移交公安部门。

乘客通过特设的探测门进行身体检查时，如果探测门发出报警声，工作人员须用手持式金属探测器再查，并将可能发出报警声的钥匙、打火机等物品掏出，直到检查时不再发出报警声为止。

知识窗

安全检查辐射

X 射线安全检查的原理是通过 X 射线对物体进行透视，从而查出危险物品。而 X 射线安全检查设备中 X 射线剂量较少，X 射线只起透视作用，并不会在透视过的物体上残留辐射，因此不用担心 X 射线安全检查设备所产生的辐射会影响人体健康。但要注意的是，X 射线安全检查时切不可图一时之快，把手伸入 X 射线安全检查设备中取物。毕竟射线是在机器内部垂直照射的，手伸入内部会受到辐射。因此，正确接受安全检查，对人的健康是不会有害的。

四、安全检查工作流程

上岗前，检查仪容仪表，确保穿齐工装、戴齐配饰，保持良好精神面貌，准备上岗。早班上岗前到车站控制室签到，了解有关通知，明确具体工作内容以及当天工作注意事项和工作重点。领取相关钥匙及备品上岗。领取钥匙时在“钥匙借用登记本”上登记，领取对讲机时在“车站备品领（借）用登记本”上登记。

按车站巡视制度检查各种安全检查设施设备运行状况，并做好相关记录，发现安全隐患时及时报修。

上岗时留意乘客动态，因地制宜摆放好铁马，确保安全检查工作有秩序地进行。当班时要密切注意站厅所有人员、物品的动态，重点防止“三品”进站。发现乘客携带宠物及超长、超大、超重物品时，应禁止其进站，并做好相应的解释工作。

当班时如果离开岗位，必须得到车站控制室同意，与顶班人员交班。早班人员与中班人员交接班时，要对备品进行交接，并将交接情况报车站控制室。中班下班前必须将备品交还车站控制室，并在相应台账上注销。

五、安全检查规范及技巧

城市轨道交通乘客服务人员必须依法依规对进站乘客及其携带的物品进行严格、规范的安全检查，杜绝发生危害城市轨道交通安全的行为，为乘客提供安全优质服务。

1. 安全检查规范

安全检查事关城市轨道交通安全，必须严格、规范执行，确保万无一失。安全检查规范可以概括为“一迎、二操作、三告别”。

（1）一迎

检查之前，应主动提示：“您好，请接受安全检查，谢谢您的合作。”如图 2–2 所示。

（2）二操作

检查时，应主动伸手帮助乘客把较重物品放到检查设备上或抬到桌子上，如图 2–3 所示。

图 2–2　一迎

图 2–3　二操作

（3）三告别

检查之后，应向乘客表示感谢：“给您添麻烦了，请您慢走。”必要时帮助乘客把物品从检查设备上拿下来，如图 2–4 所示。

2. 安全检查技巧

安全检查过程中要文明值岗，态度和蔼，遇事讲究方式方法，做到以理服人，有技巧地处理常见问题。

（1）发现乘客携带超长、超大、超重物品时

首先，提醒乘客：“对不起，您不能携带超长（超大、超重）的物品进站。”

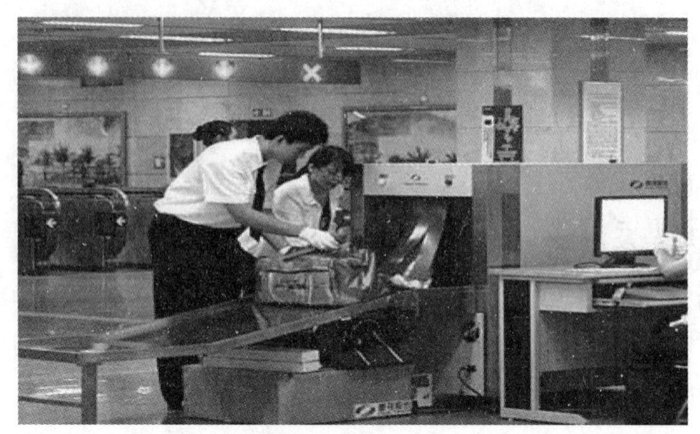

图 2–4　三告别

然后，耐心解释相关规定，建议乘客改乘其他交通工具。

如果遇到态度强硬、固执的乘客，应该让乘客认识到他的情况很难处理。如果乘客认为东西携带不便，不愿意出站，可以请求同事帮助乘客。如果乘客强行携带物品乘车，则可请求警方协助处理。

（2）发现乘客包内有违禁物品时

首先，把包拿到一边进行详细检查，避免当着所有乘客的面检查，让乘客感到难堪。

然后，耐心解释相关规定，向乘客详细指出哪些物品属于违禁物品。

如果遇到态度强硬、固执的乘客，可以请求同事帮助，必要时可请求警方协助处理。

（3）出现客流高峰时

婉转提醒乘客加快速度，并提醒后一位乘客做好准备，避免出现拥挤忙乱的现象。

如果乘客过多，可以采用手持式金属探测器进行检查，以加快安全检查的速度。

第二节　站台候车服务

在早晚高峰时，站台上来往乘客较多，容易发生安全事故。尤其在乘客上下车时容易发生混乱，乘客服务人员和乘客之间也容易发生纠纷。因此，乘客服务人员要将安全理念和服务技巧相结合，做好站台候车服务，确保站台乘车秩序和乘客乘车安全。

一、站台候车服务工作内容

站台候车服务是城市轨道交通乘客服务的重要组成部分，如图 2–5 所示。

站台候车服务的工作内容主要包括以下几点：

按照车站巡视制度认真检查站台消防设施设备的状态。

检查站台的行车备品是否良好。

图 2–5　站台候车服务

车门或屏蔽门关闭时，应确认其运行正常。发现未关闭好时，应及时向车站控制室报告，并处理好故障。

密切注意站台乘客候车情况，负责乘客乘车安全监督工作。在没有设置屏蔽门的站台，应提示乘客站在黄色安全线以内候车，及时提醒特殊乘客注意安全（如对不便乘坐扶梯的乘客，应提醒其走楼梯），提醒乘客不要倚靠屏蔽门等。

帮助乘客解决候车时的各种困难，回答乘客问询。

特别注意帮助老、幼、病、残、孕、抱婴者等有困难的乘客上下车。

二、站台候车服务工作要求

上岗时必须佩戴工号牌，做到仪表整洁、仪容端庄。

工作时要精神饱满，思想集中，不得闲聊。

上岗后，应立即将站台巡视一遍，之后每半小时巡视一次。按车站巡视制度对站台的消防设施设备、屏蔽门（或安全门）、扶梯、站台监控亭（备品间）内的各个设施及警示标志等进行检查，如有异常及时向车站控制室汇报。

保持站台环境清洁。注意站台设备的工作状况，发生故障时及时维修。

注意乘客安全，当有乘客站在黄色安全线以外时，应给予适当提醒。协助乘客安全进出车厢，维持站台秩序，方便开关车门。

留意站台上乘客的需要。如果看到乘客有任何困难（如身体不适、行动不便等），应主动上前了解情况，并尽量提供帮助，必要时可以向同事请求协助。

遇到特殊事件时，要正确及时进行站台广播。

实践指南

站台人工广播五要素

1. 先提醒乘客注意："各位乘客请注意，……"
2. 用简洁的语言告知乘客发生的具体事件。
3. 对于给乘客带来的不便，向乘客表示歉意。
4. 对于乘客的配合，向乘客表示感谢。
5. 语速适中，口齿清楚，语调平缓。

站台候车服务关系到城市轨道交通安全和秩序，乘客服务人员要依照《城市轨道交通运营管理规定》及各地城市轨道交通管理的相关规定（如《上海市轨道交通乘客守则》《广州市城市轨道交通乘坐守则》），依法依规开展服务，做到有法可依、有法必依，与乘客共同创造良好的乘车环境。

知识窗

广州市城市轨道交通乘坐守则（节选）

第十二条　在出入口、通道、站厅、站台、列车车厢等轨道交通区域或其他轨道交通设施内禁止以下行为：

（一）追逐打闹、滋事斗殴、醉酒闹事、点燃明火；

（二）非法拦截列车，阻断运输，攀爬或者翻越围墙、栏杆、闸机、机车等；

（三）擅自进入驾驶室、轨道、隧道或其它有警示标志的区域；

（四）头、手或随身物品越过站台门或端墙门（高架站、地面站），强拉车门或站台门，阻止车门或站台门关闭，强行上下车；

（五）擅自操作有警示标志的按钮、开关装置、插座，非紧急状态下动用紧急或安全装置；

（六）损害、毁坏轨道交通设施、消防安全设备设施、隔离设施或擅自移动、遮盖轨道交通设施范围内的安全消防警示标志、疏散导向标志、测量设施以及安全防护设备设施；

（七）在轨道上放置、丢弃障碍物，向列车、机车、维修工程车等设施投掷物品，使用闪光灯、激光笔等影响司机驾驶；

（八）穿戴涉邪、涉恐、涉黄、涉非法宗教宣传和有违公序良俗内容的服饰、徽章、器物、标识、标志及标语等；

（九）举牌、拉横幅、“快闪”等容易引起人员聚集围观的行为；

（十）发射传播涉非法信息的无线网络信号或链接，故意干扰轨道交通专用通讯频率；

（十一）其他危害轨道交通设施安全或影响运营秩序的行为。

第十三条　乘客应当自觉维护出入口、通道、站厅、站台、列车整洁，爱护公共财物，维护公共秩序，禁止在出入口、通道、站厅、站台、列车车厢等轨道交通区域或其他轨道交通设施内有以下行为：

（一）停放车辆、堆放杂物、摆设摊档或者未经许可派发宣传品；

（二）吸烟（含电子烟），随地吐痰，便溺，乱吐口香糖，乱扔果皮、纸屑等废弃物；

（三）乱刻、乱写、乱画、乱张贴、悬挂物品；

（四）乞讨、卖艺、歌舞表演、捡拾垃圾或进行兜售、推销等其他营销活动；

（五）在站内、楼梯、疏散通道内长时间滞留；

（六）在座位上堆放物品，躺卧、踩踏座位或一人占用多个座位；

（七）在列车内进食（婴儿、病人除外）；

（八）骑行平衡车、电动代步工具（不包括电动轮椅）、自行车，使用滑板和溜冰鞋，大声喧哗或者弹奏乐器、使用电子设备时外放声音等；

（九）赤脚、赤膊、衣冠不整或妆容、装扮容易引起他人不适或造成恐慌的行为；

（十）其他影响轨道交通公共场所容貌、环境卫生的行为。

……

第十六条　乘客应在站台黄色安全线内侧排队候车，在车停稳后依次上车；候车时应照看好同行的第十四条所列人员；禁止在站台边缘与黄色安全线之间行走、坐卧、放置物品或倚靠站台门、站台安全护栏。

列车到达终点站后，乘客应当下车，不得在车厢内逗留。

第十七条　禁止在车站、列车内互相推搡，乘客应注意自我保护，防止掉下站台或被列车挤伤。

上下车时，乘客应留意列车与站台间的空隙，当列车与站台门出现灯闪铃响时，停止上下车。乘车时不要手扶列车车门或挤靠车门。

乘车应讲究文明礼貌，主动向老、幼、病、残、孕妇、抱婴者或其他有需要的人士让座及提供方便。

三、站台候车服务工作流程

上岗前，到车站控制室签到，了解当天工作注意事项，知晓有关通知。如果是接班，还要参加车站的交接班会议，了解有关情况。

领取相关钥匙和备品。清点扶梯钥匙、屏蔽门钥匙及站台监控亭（备品间）钥匙等，并在“钥匙借用登记本”上登记；领取对讲机，并在“车站备品领（借）用登记本”上登记。

带齐备品，准时上岗。

检查站台监控亭内物品，并在交接本上登记。

按照车站巡视制度认真检查站台设施设备运行状况。

密切注意站台乘客候车情况，负责乘客乘车安全监督工作，解答乘客问题。

与下一班人员交接班，将扶梯钥匙、屏蔽门钥匙及站台监控亭（备品间）钥匙，以及对讲机等备品进行交接，并将交接班情况报车站控制室。

到车站控制室听从值班站长安排，协助开展其他工作、学习文件或休息。

如果是末班，则下班时应将钥匙及备品交还车站控制室，并在相应台账上注销，然后方可下班。

四、站台候车服务工作技巧

乘客服务人员要掌握一定的站台候车服务工作技巧，注意文明礼貌，主动热情，遇事沉着冷静，做到以理服人，妥善处理常见问题，维护候车秩序，营造安全、舒适、文明的候车环境。

1. 发现乘客站在黄色安全线以外候车时

应及时提醒乘客：“为了您的安全，请在黄色安全线以内候车。”

如果乘客没有行动，应立即上前制止该乘客的行为。

2. 发现乘客采用蹲姿候车时

应及时上前了解情况，看乘客是否有身体不适。

如果乘客没有不适，应提醒乘客：“为了您的安全，候车时请勿采用蹲姿。”

3. 遇见身体不适的乘客时

应主动上前询问情况，并指引他们到候车椅上休息。

如果情况严重，则通知车站控制室处理。

4. 发现乘客在站台上吸烟时

应立即上前制止，并有礼貌地解释：“对不起，为了安全，车站内不允许吸烟。请您灭掉烟头，谢谢您的合作。”

5. 发现乘客企图冲上正在关门的列车时

应阻止乘客（避免和乘客有身体直接触碰）并有礼貌地提醒：“请勿靠近车门，下次列

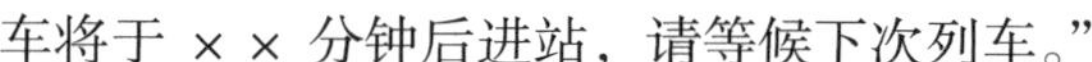

车将于 ×× 分钟后进站，请等候下次列车。”

6. 发现有乘客在站台上逗留时

若发现有长时间逗留在站台不出站的乘客，应主动上前询问情况，避免发生乘客跳轨等紧急情况。

7. 发现乘客有物品掉下轨道时

应立即提醒并安抚乘客：“为了您的安全，请勿私自跳下轨道。请您放心，我们的工作人员会尽快为您处理。”

告知乘客，工作人员将于列车运营结束后下轨道拾回物品。请乘客留下联系方式，并于第二日到车站领回物品。

8. 遇到坐轮椅的乘客上下车时

应主动上前了解情况。

使用渡板（见图 2–6）帮助乘客上下车，如图 2–7 所示。

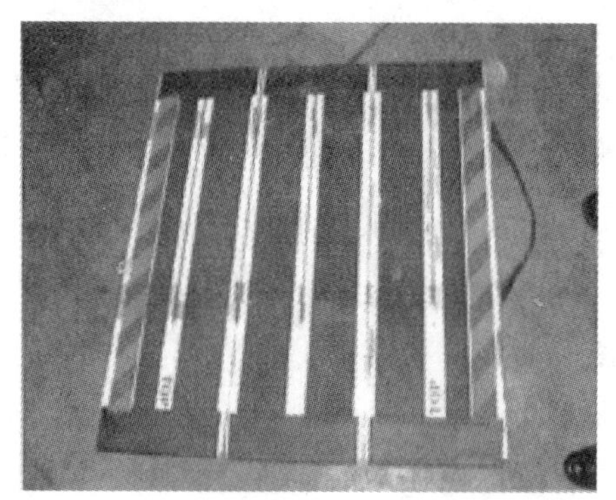

图 2–6　渡板

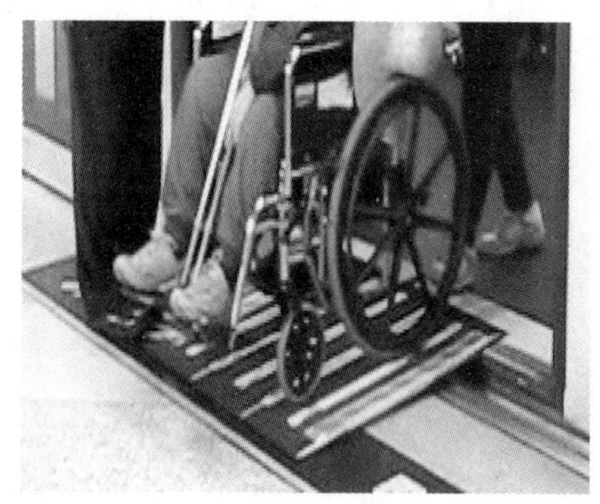

图 2–7　使用渡板帮助乘客上下车

9. 遇到人多拥挤，以及乘客发生口角、肢体冲突时

应主动上前了解情况并劝阻乘客：“站台人多拥挤，难免相互碰撞，请大家相互体谅，多谢配合。”

如果乘客继续争吵，甚至冲突升级，影响站台候车秩序，则通知车站控制室处理。

第三节　问询引导服务

随着城市轨道交通跨越式的发展，城市轨道交通线网日益密集，客流快速增长，乘客对问询引导的需求也随之大大增加。乘客服务人员要想乘客之所想，急乘客之所急，耐心为乘客提供准确的问询引导服务。

一、问询引导服务工作内容

问询引导服务的工作内容主要包括：为乘客提供导向服务，公布相关的行车信息、票务政策，处理乘客投诉，以及解答乘客其他各种疑问，如图 2–8、图 2–9 所示。

图 2–8　站厅问询引导服务

图 2–9　站台问询引导服务

城市轨道交通车站提供问询引导服务的途径和方式有很多种。例如，利用车站导向标志、广播、电视屏幕等发布信息，开通互联网官方网站，开设乘客信箱，开设乘客服务中心，开通咨询、投诉热线，以及在站台、站厅和票亭等处提供现场问询引导服务等。

目前，有些地方还出现了一些新型问询引导服务。例如，有的车站安设了智能机器人，可以和乘客进行简单聊天，为乘客指引换乘路线，并提供票价、首末班车时刻、出入口公交线路等方面的问询引导服务，如图 2–10 所示。

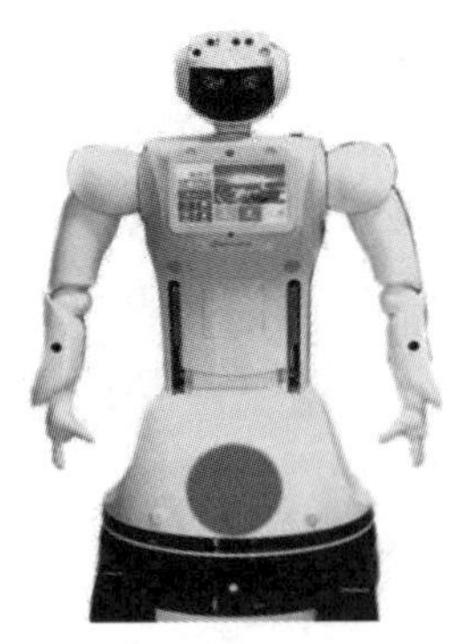

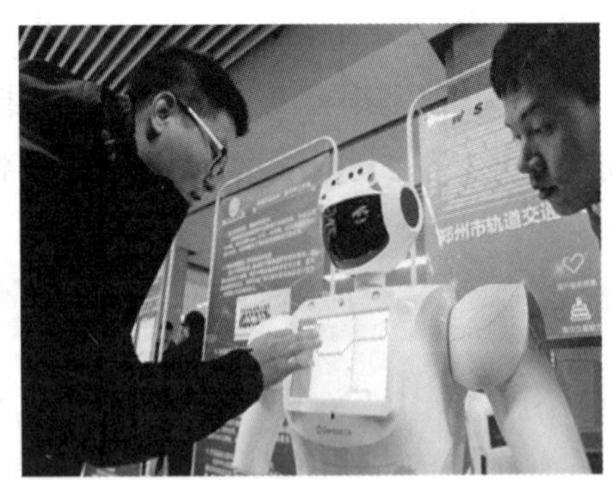

图 2–10　机器人“晶晶”在郑州市某地铁站与乘客互动

以下主要介绍城市轨道交通车站的现场人工问询引导服务。

上海世博会的问询引导服务

2010 年上海世博会期间，上海地铁为来自世界各地的乘客提供了高水平的问询引导服务。很多车站在楼梯口摆放了指引世博园出入口的导向牌，并伴以电喇叭引导，便于乘客顺利出站，也方便车站更顺畅地组织客流走向。在客服中心旁边，指示有通往各主要景区的最佳路线。在各出入口地面平台，有自制便民引路卡的放大图和世博短驳线的指引牌。同时，一批志愿者会耐心地向乘客解释正确的方向，让游客们能够快速准确地找到短驳线。

二、问询引导服务工作要求

乘客服务人员要熟知车站布局、设施设备位置及使用方法、列车路线、列车时刻、车站周边环境等情况，能够随时为乘客提供问询引导服务。

上岗时，必须佩戴工号牌，做到仪表整洁、仪容端庄。

工作时，要精神饱满、思想集中，不得闲聊。

要按车站巡视制度巡视，检查用于引导乘客的各种设施设备，确保其正常运行，能够给予乘客明确指引。

要密切注意车站乘客动态，发现有需要的乘客时，应主动询问并解答。

要认真解答乘客问询，按首问负责制原则正确引导乘客。

回答乘客问询时，要耐心有礼，面带微笑。不得不理睬，不得边走边回答，不得边工作边回答，也不得以摇头、点头等方式回答乘客，而应站立或停下手中工作认真回答。如果工作确实无法中止，应请乘客稍等，并在工作完成后第一时间回答。对自己无法回答的询问，应请教同事或引导乘客咨询其他工作人员，不得误导乘客，不得互相推诿。

知识窗

“世博大使”黄骊媛的服务特色

2010 年上海世博会期间，上海地铁 6 号线高科西路车站设立了“全能大使、世博大使、旅游大使”流动岗。该项服务的设立增强了服务的灵活性和及时性，突出了优质服务的主动性和人性化特点，力求让每一位有服务需求的乘客能第一时间得到主动的服务。其中，“世博大使”黄骊媛的服务特色是：

1. 熟知车站周边道路、公交线路站点、餐饮机构、标志性建筑、银行、药店、超市等分布情况。

2. 熟知6号线、7号线邻站的周边环境概况。

3. 掌握城市轨道交通涉及世博会车站的周边环境。

4. 能够进行基础手语交流（如“十字文明用语”的表达等）。

5. 能够进行日常英语会话交流。

6. 能够进行初步的医疗救护。

7. 能够提供一站式服务。

8. 了解上海著名旅游景点的概况，熟知景点交通出行方式。

9. 深入了解世博会的相关知识，第一时间掌握世博会实时更新的内容，如到达世博园区的交通方式、临时的交通管制信息、世博园区的分布状况、世博会的精彩看点等。

三、问询引导服务工作流程

上岗前，到车站控制室签到，了解当天工作注意事项，学习有关通知。如果是接班，还要参加车站的交接班会议。

领取备品，进行登记。

带齐备品，准时上岗。

按照车站巡视制度，认真检查用于引导乘客的各种设施设备的运行状况。

密切注意车站乘客动态，认真解答乘客问询。

与下一班人员交接班，并将交接班情况报车站控制室。

到车站控制室听从值班站长安排，协助开展其他工作、学习文件或休息。

如果是末班，则下班时应将备品交还车站控制室，并在相应台账上注销，然后方可下班。

四、问询引导服务工作技巧

城市轨道交通车站客流量大，问询的人可能很多，问题可能比较复杂。对此，乘客服务人员需要掌握一定的工作技巧，耐心详细地解答乘客问题，提供周到的服务。

要用手掌指示方向。比较标准的引导手势是：手掌伸平，五指自然收拢，掌心斜向上，小臂稍向前伸，指向乘客要去的方向。不要伸出一个手指指指点点。

解答时要使用敬语。例如：“您可以往 × × 方向走。”

乘客表示感谢时，应礼貌回答“不用谢”或“这是我们应该做的”。

如果乘客服务人员无法对乘客提出的问题给出确切的答案，则需要向乘客解释，提示其他解决途径。不要直接回答“不知道”，也不要将一些误导性或错误信息提供给乘客。

五、车站广播引导服务

车站广播引导服务是城市轨道交通车站一种重要、常见、高效的问询引导服务方式。车站可根据需要适时播放广播，为进出站乘客提供指引。

车站广播大致可分为人工广播和自动广播两种，原则上人工广播仅在自动广播无法满足实际需求时使用。按广播区域不同，人工广播又可分为对外人工广播和对内人工广播。对外人工广播主要用于告知乘客相关信息；对内人工广播只在设备区播放，用于通知工作人员。自动广播又可分为固定广播和非固定广播，它们播放的优先级有所不同。固定广播包括列车进站广播和开关门广播等，播放的优先级最高；非固定广播包括定时广播和空闲广播等，由工作人员根据工作需要进行广播。

由于广播的影响面较广，所以一定要确保广播内容正确、规范。广播内容的增删、更新及设置更改均由相关业务管理部门统一规范，由车站指定专人操作。未经管理部门许可，值班员不得擅自更改自动广播系统中的任何内容及设置。广播的音量为固定值，不应随意调整。如果遇特殊情况需要调整音量大小时，须由管理部门统一调整。

播放广播时，应语调平稳，音量适中，读音准确，声音清亮，使用文明用语，语言规范，语法正确，措辞得体，一般使用普通话、英语进行双语广播。对设备区播放广播时，广播内容应简洁、明了，不得播放与工作无关的内容。

广播词、广播系统及相关设备的日常管理由车站当班行车值班员负责，值班员交接班时须确认广播相关设备、物品齐全、正常。

知识窗

广州地铁的广播内容

1. 使用扶梯时，请紧握扶手，靠右站稳，勿靠近梯级边，老人或小孩须有监护人陪同。

2. 严禁携带充气球、宠物、禽畜、管制刀具进站乘车。

3. 严禁携带易燃品、易爆品、有毒物品、放射性物品、腐蚀性物品等危险品进站乘车。

4. 车门或屏蔽门的警示声响或警示灯闪烁时，请勿上下车。严禁阻碍屏蔽门及车门关闭。

5. 广州地铁公安温馨提醒您：请注意防盗、防骗，如有可疑情况请拨打 110 报警。

6. 有婴儿车、手推车或大件行李的，请勿使用电扶梯。

7. 在车站出入口或通道摆卖影响乘客出行安全或运营秩序，《广州市城市轨道交通管理条例》对此明令禁止。请广大乘客自觉抵制，共同营造文明乘车环境。

8. 请自觉遵守地铁管理条例，配合车站人员的工作，乘文明车，做文明人。

9. 乘车时请给老、幼、伤、残、孕妇及抱小孩的乘客让座。

第四节　乘客爱心服务

城市轨道交通车站特别重视老、幼、病、残、孕、抱婴者等特殊乘客的出行服务。乘客服务人员在岗期间应牢记乘客爱心服务的工作要求，密切注意乘客动态，遇有老、幼、病、残、孕、抱婴者等特殊乘客进站乘车时，应主动上前了解情况，熟练使用各种爱心服务设施设备，采取各项爱心服务措施，提供有针对性的爱心服务。必要时应向同事请求协助，为乘客提供温馨、贴心的帮助。

一、乘客爱心服务工作内容及工作要求

乘客爱心服务是“安全第一、乘客至上”服务宗旨的体现，其工作内容主要是帮助老、幼、病、残、孕、抱婴者等特殊乘客进出站和上下车。

乘客服务人员要密切注意站厅乘客动态，遇到老、幼、病、残、孕、抱婴者等特殊乘客时，要适当留意，协助他们尽快进出站。

乘客服务人员还要留意站台上乘客的状况。如果看到乘客有任何困难（如身体不适、行动不便等），应主动上前了解情况，并尽量提供帮助，必要时可以向同事请求协助。

二、乘客爱心服务措施

为做好乘客爱心服务，有些城市轨道交通车站会推出各项特殊的爱心服务措施。乘客服务人员要熟悉并能够熟练运用这些服务措施，为有需要的乘客提供温馨、贴心的帮助。

1. 爱心接力

爱心接力是指乘客服务人员遇到无人陪护的老年乘客时，须主动提供帮助，送乘客上车、出站。遇到年老、行动不便等需要帮助的乘客进站乘车时，乘客服务人员在送乘客上车后，须记下屏蔽门号及乘客目的车站，并及时通知目的车站做好接应工作，完成整个爱心接力。

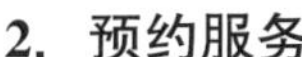

2. 预约服务

预约服务是指特殊乘客在乘坐地铁前，可拨打车站设置的客服热线进行预约。客服人员将通知车站，便于车站为有需要的乘客提供服务，使乘客出行顺利。

知识窗

2016年，广州地铁推出了“爱心直通车，全程伴你行”爱心措施。“爱心直通车”是针对残疾人等行动不便的乘客及团体票乘客推出的预约服务。乘客可拨打服务热线96891，告知工作人员出发车站及目的车站，随后广州地铁将为其提供专人护送、全程接力式的一对一服务。

3. 特殊乘客车厢

出于保证安全、保护隐私等考虑，有些城市轨道交通企业会设立一些特殊乘客车厢（如女性车厢），为某些特定乘客群体提供乘车便利。例如，广州地铁1号线在工作日的7:30至9:30、17:00至19:00期间（节假日除外），将每班列车的某一节车厢设为女性车厢。

三、乘客爱心服务工作技巧

1. 老年乘客爱心服务工作技巧

老年乘客乘坐自动扶梯时，要礼貌地建议其搭乘直梯或走楼梯。

如果乘客坚持使用自动扶梯，则乘客服务人员应陪同其一起搭乘，并送至站台。

向老年乘客售票时，应放慢语速，音量适当放大但不刺耳，以免惊吓到乘客。售票过程中需要耐心提示，悉心帮助。

2. 年幼乘客爱心服务工作技巧

年幼乘客要由大人陪同，方可允许其进站。应提醒乘客遵循儿童在前、大人在后的刷卡进站原则。

对携带婴儿车的乘客，可以提醒其从直梯进出站。

要特别关注乘车的儿童，时时提醒看护人照看好儿童，避免发生因儿童快跑或与其他乘客发生碰撞引发的摔伤。

3. 身体不适乘客爱心服务工作技巧

对身体不适的乘客，要及时上前询问情况。必要时，带乘客去休息室或车站控制室休息。

如果乘客稍事休息之后仍无好转，可以询问乘客是否需要帮忙叫救护车或通知家人。

在服务身体不适乘客时，要细心、耐心、贴心，如图2-11所示。

4. 残障乘客爱心服务工作技巧

（1）协助乘坐电梯

残障乘客进出站时，应尽量指引和帮助其乘坐直梯进出站。

如果车站没有直梯，则应安排并帮助乘客乘坐专用电梯，如图 2-12 所示。

图 2-11　身体不适乘客的爱心服务

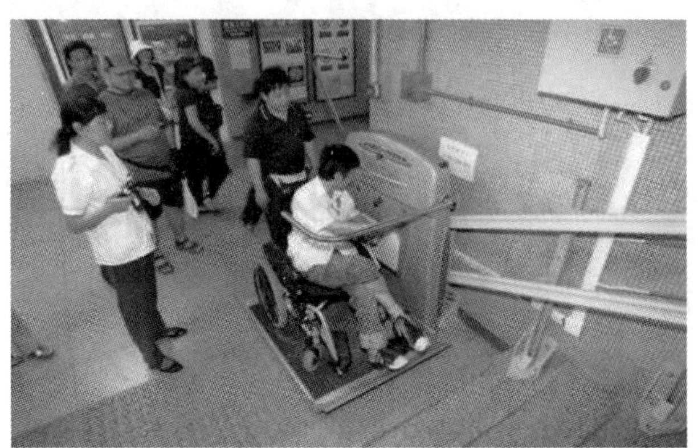

图 2-12　残障乘客乘坐专用电梯

（2）推行轮椅

在推行轮椅的过程中应注意行进速度和稳定性，减少对其他乘客的妨碍。行进过程中应提示周围乘客避让。

（3）协助安全检查

引导乘客至安全检查位置，对乘客的行李和轮椅进行检查。应尽可能由同性别的乘客服务人员完成，尽量减少琐碎、不便的环节，并给予乘客足够的尊重。

（4）协助乘客进出付费区

引导乘客至售票处，代乘客完成购票，引导乘客从宽通道或专用通道进出付费区，并帮助其刷卡。

（5）协助上下车

引导乘客至站台划定的无障碍候车区域，疏导其他乘客到相邻车门排队候车，使用渡板让乘客安全上下车。上车时，要将乘客护送至车厢内无障碍专用位置，确认轮椅已经制动或用列车上专用挂钩固定，并提醒乘客坐稳扶牢，告知乘客目的站会有站务人员迎送。然后，要通知目的车站的工作人员该乘客所乘车次、车号、发车时间、所在车门位置，以及乘车路线等信息。目的站应做好准备工作。

在为残障乘客提供服务时，乘客服务人员需要先征得乘客的同意。在与其进行交流的过程中，乘客服务人员不要盯着乘客残疾部位。

此外，乘客服务人员要能够熟练运用手语与聋哑人沟通，及时为他们提供服务。

实践指南

乘客突发疾病的处理

1. 乘客因低血糖晕倒的处理

如果有乘客因血糖过低晕倒，乘客服务人员应尽快喂患者糖水，为其掐人中，并呼喊乘客姓名。

2. 疑似突发心脏病乘客晕倒的处理

如果有疑似突发心脏病的乘客在行进列车上晕倒，乘客服务人员应依照“靠站台处置”的首要原则，让列车顺利停靠下一站后再行处置。

到站后，乘客服务人员要小心搀扶患者下车，坐下休息，并送上热水。

必要时，乘客服务人员要采用心肺复苏法对患者进行紧急救治。

3. 癫痫患者发病的处理

乘客服务人员要按癫痫患者发病的科学处理方法做好病人的及时抢救工作，避免其出现生命危险。

乘客服务人员处理上述各类乘客突发疾病情况的同时，应呼叫车站值班员，并报告值班站长。随后，视患者情况拨打 120 电话。急救车赶到后，要协助把乘客送上救护车。

四、乘客爱心服务设施设备

为服务特殊乘客，城市轨道交通车站都设有无障碍爱心服务设施设备。乘客服务人员要熟练使用这些设施设备，为有需要的乘客提供针对性的爱心服务。常见的爱心服务设施设备主要有以下几类：

1. 盲道

盲道是便于盲人行走和辨别方向以到达目的地的设施，如图 2–13 所示。盲道一般用两种地砖铺成。一种是条形行进砖，引导盲人行走；一种是带有圆点的提示砖，用在盲道的拐弯处、终点处和服务设施前等处。

2. 盲文导向牌

盲文导向牌一般设在车站出入口、站厅、站台等地的连接处，为盲人提供路线、方向指引和出入口信息，如图 2–14 所示。

3. 盲人求助按钮

盲人求助按钮一般设在车站盲道经过的专用通道处，方便有需要的乘客及时与车站工作人员取得联系，如图 2–15 所示。

图 2-13　盲道

图 2-14　盲文导向牌

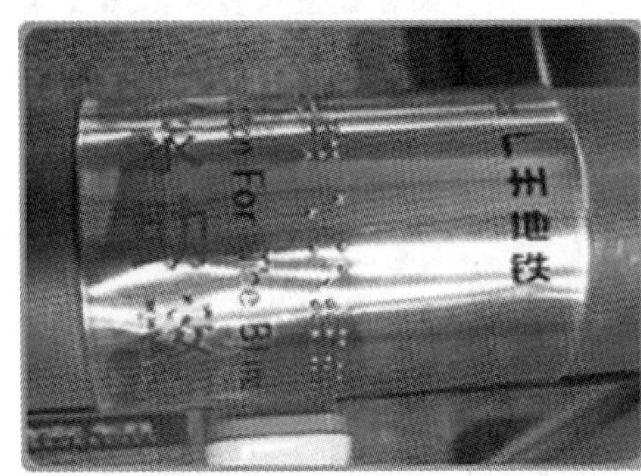

图 2-15　盲人求助按钮

4. 楼梯升降机和专用电梯

楼梯升降机一般设在车站出入口或站厅至站台处，专用于坐轮椅的残障乘客，属于车站无障碍设施的组成部分，如图 2-16 所示。

车站基本都设有专用电梯，用于连接站厅和站台。另外，部分车站还设有出入口至站厅的专用电梯，以连接地面和站厅，如图 2-17 所示。

图 2-16　楼梯升降机

图 2-17　专用电梯

五、常用手语

手语是一门特殊语言，更是一座沟通健康者与残障者的心灵之桥。乘客服务人员应当掌握常用的手语，为有听力障碍的乘客提供更多的信息，给予他们更切实的关心与帮助。

“请”的手语：双手平伸，掌心向上，同时向一侧微移，如图 2–18 所示。

“你好（您好）”的手语：一手食指指向对方，一手握拳，向上伸出拇指，如图 2–19 所示。

图 2–18 “请”的手语

图 2–19 “你好（您好）”的手语

“谢谢”的手语：一手伸拇指，弯曲两下，如图 2–20 所示。

图 2–20 “谢谢”的手语

“对不起”的手语：一手五指并拢，举于额际，如行军礼状，然后下移改伸小指，在胸部点几下，表示向人致歉并自责，如图 2–21 所示。

“再见”的手语：一手上举，五指自然伸出，手腕挥动两下，如图 2–22 所示。这是一般的“再见”手势。

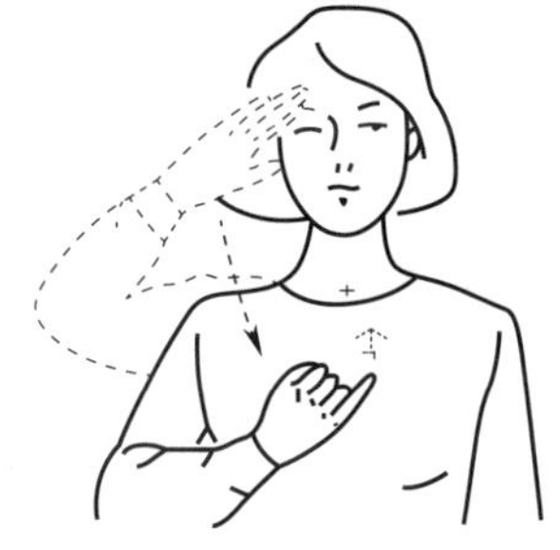

图 2–21 “对不起”的手语

图 2–22 “再见”的手语

第五节　协助寻人、寻物服务

在城市轨道交通车站和车厢中，乘客走失或者遗失物品的现象十分常见。遇到这类情况时，乘客服务人员要快速反应，协助寻找走失乘客或遗失物品。

一、协助寻人服务

遇有乘客求助寻人时，乘客服务人员要快速行动，根据寻人服务流程了解走失乘客情况，并记录、上报、协助寻找，尽力帮乘客找回走失的家人或朋友。

1. 协助寻人服务工作流程

协助寻人服务工作流程如图 2–23 所示。

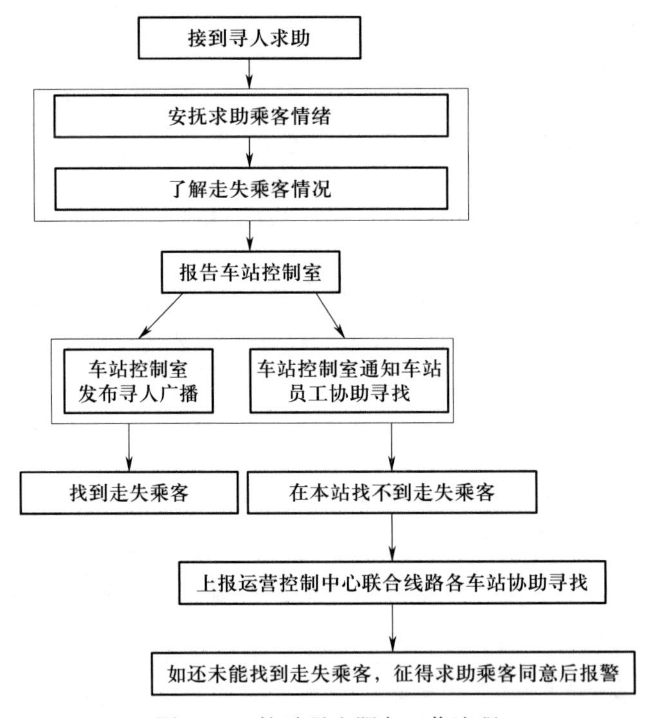

图 2–23　协助寻人服务工作流程

2. 协助寻人服务注意事项

为了第一时间找到走失乘客，避免产生意外，乘客服务人员在协助寻人过程中要注意以下事项：

乘客服务人员要适当安抚寻人的乘客，如说：“请您别着急，我们马上帮您想办法。”

乘客服务人员要尽量详细了解走失乘客的情况，包括年龄、性别、服饰、外貌、走失时间、乘车路线等，并进行登记。

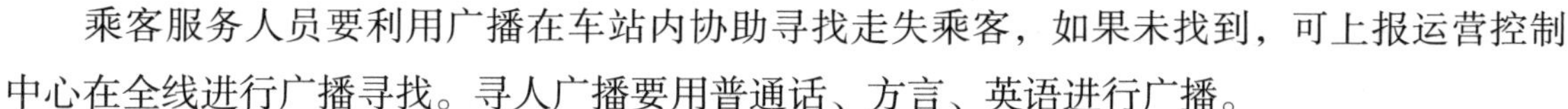

乘客服务人员要利用广播在车站内协助寻找走失乘客，如果未找到，可上报运营控制中心在全线进行广播寻找。寻人广播要用普通话、方言、英语进行广播。

如果没有及时找到走失乘客，乘客服务人员应建议寻人的乘客报警，请求公安部门协助，以便尽快找回走失乘客。

案例分析

老人乘地铁与儿女走散　工作人员全线广播找人

某日早上7点多，正值地铁客流高峰期，武汉市某地铁站值班人员小张留意到，一位两鬓灰白的老奶奶在地铁站内来回张望，神情十分慌张，列车到站了也不上车。小张立即上前询问有什么需要帮助的地方。

“我和我的儿子姑娘走散了呀，这可怎么办是好？”老人见到小张，立刻向他哭诉起来。

小张搀扶老人到休息室里坐下，并进一步向老人了解情况。原来，老人是外地人，不熟悉当地情况。因行李较多，老人上车时和儿女走散了。而老人既不知道要到哪里去，也记不住儿女的手机号码，因此十分焦急。

得知老人的情况后，小张安慰老人：“您别急，我们帮您在地铁沿线广播，一定能够找到您的儿女。”随后，他立即向车站控制室报告了此事。

很快，2号线沿线的站台内响起了寻人广播。不到二十分钟，工作人员就接到了汉口火车站打来的电话。约半个小时后，老人终于找到了自己的儿女。

【分析】小张有着敏锐的服务意识，能够及时发现乘客的特殊状况，并及时进行沟通，了解清楚情况，安抚乘客情绪，给予帮助。他的处理方法适当合理，在最短时间内解决了乘客的难题，收到了很好的效果。

想一想

1. 哪些乘客容易在地铁中走失？

2. 对于容易走失的乘客，可以提出哪些建议？

二、协助寻物服务

当乘客因遗失物品向乘客服务人员求助时，或当乘客或车站工作人员拾获物品时，乘客服务人员要快速反应，按照乘客遗失物品处理流程做好记录、上报、广播等工作，并协助寻找，尽力帮乘客找回遗失物品。

1. 协助寻物服务的工作流程

协助寻物服务工作流程如图 2–24 所示。

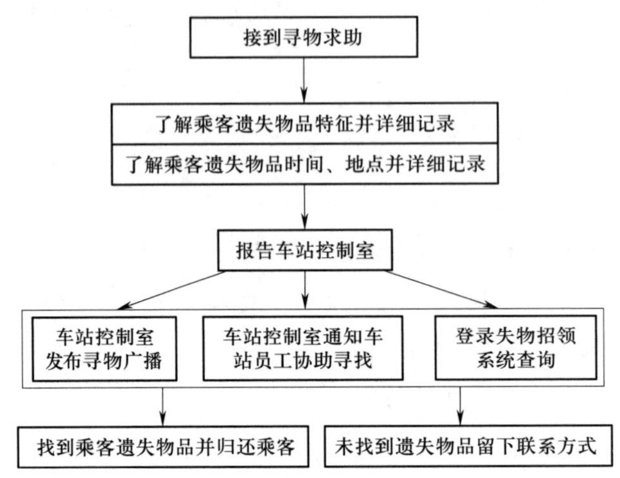

图 2–24 协助寻物服务工作流程

当乘客因遗失物品向乘客服务人员求助时，乘客服务人员要安抚乘客，如说：“请您别着急，我们马上帮您想办法。”

乘客服务人员要尽量详细了解遗失物品的基本特征以及物品遗失的时间、地点等，并进行多方找寻，可以通过广播寻物或登录失物招领系统查询。

找到物品时，乘客服务人员要协助乘客办理认领。若车站通过失物招领系统查询到相关物品信息，接待乘客的车站须通过电话与失物所在车站确认失物状态。若失物在本车站，乘客服务人员要引导乘客持本人身份证前去认领失物。认领时，乘客服务人员要礼貌核对乘客的身份，确认乘客所述物品与找到的物品是否一致。乘客认领失物后，车站须及时将认领情况电话告知拾获物品的乘客，并做好相关记录。

若没有找到遗失物品，乘客服务人员应向乘客表示歉意，并记录乘客姓名、身份证号码、联系方式，以便联系乘客，必要时建议乘客向车站属地派出所报案。

2. 拾获物品的保管

如果有乘客或车站员工拾获物品，乘客服务人员要按拾获物品处理流程做好保管工作，如图 2–25 所示。

如果有乘客将拾获物品上交车站，乘客服务人员要向乘客表示感谢，并当着乘客的面对物品进行详细清点和记录，并请乘客签字确认。同时，乘客服务人员要通过广播寻找失主。未找到失主时，应将物品上交保管。

如果失物为一般物品（如衣物、家庭用品、书籍或食物等），则放入乘客失物专用箱（柜）中保管。乘客失物专用箱（柜）由车站自行设置，并贴上专门的标签。

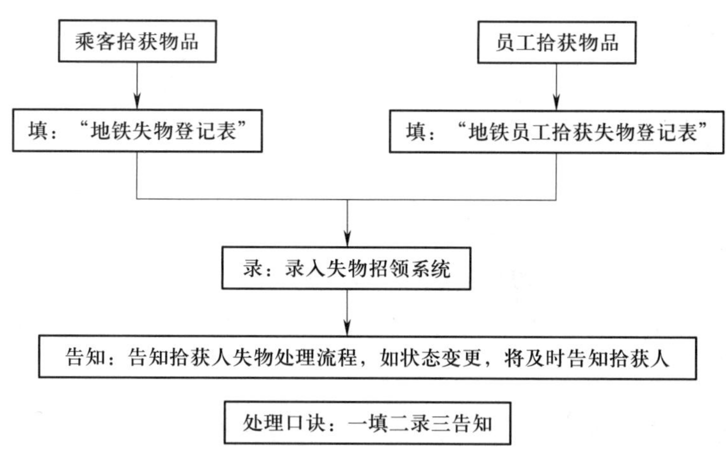

图 2-25　拾获物品处理流程

如果失物为贵重物品（如现金、银行卡、手机、相机、身份证、护照等），工作人员应立即上报车站控制室，由车站控制室开启广播寻找失主。如果没有失主到站认领，值班站长必须将失物放入专用柜中上锁保管。

对拾获的地铁车票以及从自动购票机找零出口、客服中心找零槽发现的现金，乘客服务人员应按票务相关规定操作。

案例分析

一天，广州地铁某员工小何像往常一样进行列车清客时，发现列车中部的座椅上有一个墨绿色的行李箱，便立即在站台大声询问是否有人遗失物品。寻找无果后，他迅速将情况报告给了车站控制室。值班站长接报后，立即赶往站台将行李箱带回车站控制室，行车值班员也马上打开人工广播寻找失主。

多次广播仍未见有人前来认领，值班站长决定尽快将失物信息登记到地铁失物招领系统。随后，工作人员打开行李箱确认物品，发现内有 1 万美元和数千新加坡元，以及失主的相关证件和一部手机。工作人员便尝试拨通了一张证件上的电话号码，而接电话的正好是失主乔先生。此时，大意的乔先生尚没有察觉自己的行李箱遗失。

不久，乔先生火速赶回车站。车站人员核对信息无误后，将物品完整归还给他。乔先生对地铁工作人员及时、规范的失物处理服务表示了深深的感谢。

【分析】地铁工作人员拾获物品后，第一时间采取各种措施寻找失主。在没有找到失主后，按照规定程序清点物品。找到失主后，又按照规定程序确认失主身份，归还物品。各个岗位的地铁工作人员行动规范，处置得当。

3. 失物上交规定

如果超过车站保管时间，车站应根据失物清理要求和移交流程做好失物上交。以广州地铁为例，其相关规定如下：

各站凡超过保管时间 10 个工作日仍未有乘客认领的失物，均统一上交属地派出所。

原则上以中心站为单位统一并定期（每月 15 日）上交。上交单位需要提前备好上交拾遗物品清单（详见“广州地铁失物登记表”），以便与派出所交接、核对。

上交物品的中心站要安排专人专送属地派出所，不允许交给在车站巡逻或驻点的民警或辅警。

已过保质期的食品，易变质腐烂物品，药品、化妆品等个人卫生用品，以及明显无使用价值的物品，由失物保管车站自行妥善灵活处理。如车站认为无法判断的，以公安部门的处理意见为指导原则。车站还应将处理情况详细记录在纸质台账上。

凡拾获涉密文件、资料、图表等重要文件，军用、警用物品，违禁物品及其他危险物品的，拾获人或车站应及时报告公安部门或送交属地派出所处理。

第六节　综合治安事件处理

城市轨道交通场所往往人员密集，客流拥挤，有时难免发生乘客纠纷（吵架或打架）、醉酒闹事、盗窃财物等事件，这些事件危害公共安全，破坏公共秩序。发生这类事件时，乘客服务人员要快速反应，妥善处理，避免造成严重损失和恶劣影响。

一、城市轨道交通综合治安事件的含义

城市轨道交通综合治安事件是指发生在城市轨道交通运营过程中，触犯《中华人民共和国治安管理处罚法》的乘客纠纷（吵架或打架）、醉酒闹事、盗窃财物等危害公共安全，影响公共秩序，造成他人人身、财产损失的事件。

二、城市轨道交通综合治安事件处理要求

乘客服务人员要密切注意乘客动态，如果发现精神异常、醉酒等不宜乘车的乘客，应劝止其进站乘车，并及时向车站控制室汇报。必要时请求警务人员或同事协助，并注意做好自我保护。

发生乘客争吵或打架等突发事件时，乘客服务人员应尽快隔离现场，安抚、隔离冲突双方，及时处置，保护乘客人身财产安全，维护良好的车站治安环境。

若乘客的行为妨碍、扰乱城市轨道交通的正常秩序，如损毁公私财产，侵害他人人身安全等，乘客服务人员应及时组织其他人员制止肇事者违法行为，并报告公安部门，保护现

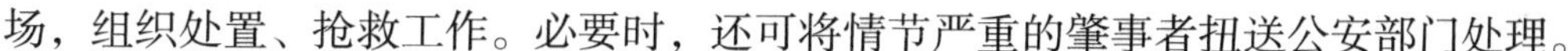

场，组织处置、抢救工作。必要时，还可将情节严重的肇事者扭送公安部门处理。

三、乘客纠纷（争吵或打架）事件处理

乘客服务人员发现乘客争吵或打架，或接到此类情况报告时，应立刻赶赴现场，并向值班站长及车站控制室报告。值班站长应立即赶赴现场处理，并安排其他人员支援现场。

如果事件发生在站内，乘客服务人员要在做好自我保护的同时，第一时间上前劝解、分开乘客，劝阻冲突双方，安抚双方情绪，同时隔离现场，疏散周边的乘客，防止其他乘客受到伤害。

如果事件发生在列车上，乘客服务人员要及时向司机通报。司机要做好应急广播，安抚乘客情绪。列车进站后，站台岗工作人员要将乘客劝阻下车。如果乘客拒绝下车，工作人员要立即通知公安部门协助处理。

如果有伤者，乘客服务人员要配合急救人员，及时对其进行必要的现场急救。必要时，值班站长应安排车站工作人员陪同伤者前往医院。

四、醉酒乘客闹事事件处理

乘客服务人员要掌握乘客不同程度醉酒闹事事件的处理方法。

如果发现饮酒乘客进站，乘客服务人员应立刻上前了解情况。

如果饮酒乘客能独自站立、头脑清醒，乘客服务人员可让乘客进站并做好提醒工作。乘客服务人员须叮嘱其或其陪同人员沿途注意安全，如果有不适及时与车站工作人员联系。同时，乘客服务人员须询问乘客目的地站，通知车站控制室，由车站控制室通知相关车站，共同做好跟进。

如果饮酒乘客神志不清、行动不自如，乘客服务人员应礼貌地劝止乘客或其陪同人员购票进站，耐心地做好解释工作，安抚好乘客情绪，并立刻通知车站控制室，及时安排其他工作人员到现场协助。

如果醉酒乘客强行要求进站或有破坏行为，乘客服务人员应第一时间报告车站控制室和公安部门，寻求支援。值班站长接到此类情况报告时，应立刻赶赴现场处理。在场的乘客服务人员应尽量安抚乘客，使其情绪得到缓解。当乘客情绪激动，不断进逼并有进一步行动的倾向时，乘客服务人员应提醒乘客，如说：“对不起，请不要再靠近！”

在与醉酒乘客沟通过程中，乘客服务人员应避免和乘客发生肢体接触，以免受到伤害。如果醉酒乘客有对乘客服务人员造成伤害的行为，乘客服务人员应及时躲避。

五、盗窃财物事件处理

乘客服务人员发现有乘客财物被盗窃或接到此类事件报告时，应在做好自我保护的基础上，第一时间上前帮助被盗乘客，制止犯罪行为，同时疏散周边乘客，防止其他乘客受到

伤害，并立即报车站控制室安排支援。

值班站长接到报告后，要迅速到达事发现场，指挥处理事件，接洽目击证人，报告公安部门，协助公安部门调查取证。如果有乘客受伤，要及时拨打120电话。

如果出现乘客伤亡，值班站长（或站长）要担任临时应急处理负责人，在向有关部门报告的同时，立即安排工作人员赶赴现场，疏散围观群众，保护事故现场，寻找目击证人，劝留证人或留下证人联系方式。值班站长（或站长）要组织对事故现场做好标志和记录，配合急救人员对伤者进行必要的现场急救。必要时，应安排车站工作人员陪同伤者前往医院。

事后，有关工作人员要协助公安部门进行调查，调取现场监控录像，搜寻证据，以帮助公安部门将犯罪嫌疑人逮捕归案。

第七节　客伤事件处理

随着城市轨道交通客流量的不断攀升，客伤事件也呈现出数量多、损失大、影响广、协调难等特点。客伤既影响城市轨道交通运营秩序和企业形象，又造成人员伤亡和财产损失。如果遇到客伤事件，乘客服务人员要根据相关法律法规，快速反应，妥善处理，把乘客人身损害和财产损失降到最低，维护城市轨道交通企业形象。

一、客伤事件的含义及分类

客伤事件是指在城市轨道交通列车运行过程中或在站厅、站台，以及城市轨道交通企业拥有产权的通道、出入口等处出现的乘客或其他进入该区域的人员（不包括正在执行任务的工作人员）的客运伤亡事件。这里的乘客是指以乘车为目的进入上述范围内的相关人员。

客伤事件按责任是否属于城市轨道交通企业可分为责任客运伤亡事件和无过错客运伤亡事件两类。

责任客运伤亡事件是指在城市轨道交通企业运营区域内，因设备故障或状态不良、人员操作不当、管理不善等造成的客运伤亡事件，简称责任客伤。发生责任客运伤亡事件时，应对责任单位或个人进行严肃处理，构成违法犯罪的要依法追究法律责任。

无过错客运伤亡事件是指在城市轨道交通企业运营区域内，非城市轨道交通企业责任造成客运伤亡，但根据法律法规要求企业应承担经济赔偿责任的事件，简称无过错客伤。

按照规定，凡属下列情况之一造成客运伤亡事件的，由当事人本人负责。由此造成城市轨道交通企业损失及人身伤害的，视情节轻重移交有关部门追究肇事者相应的责任。

（1）在车站站台黄色安全线与站台边缘之间候车、行走、坐卧或放置物品；

（2）拦车、扒车、追车、拉门、别门、踢门、挤靠车门、抢上抢下车；

（3）在未开放或非售票的站场乘车；

（4）在站内或车内追逐打闹、打架斗殴；

（5）携带易燃、易爆、有毒物品等危险品进站乘车；

（6）非紧急状态下动用紧急装置或安全装置；

（7）擅自操作有警示标志的按钮、开关装置；

（8）擅自进入轨道、隧道和其他有警示标志的区域；

（9）攀爬、跨越或穿越围墙、栏杆、闸机。

另外，学龄前儿童、行动不便的老人、残疾人、智力障碍人士、精神病人等，应由健康成人陪同进站乘车。否则，乘客服务人员应劝其离开车站。但上述乘客表示有需要或要求帮助的，相关运营单位应及时协助通知警察或其家人。如果上述乘客不听劝阻强行进站乘车并发生伤亡事故，由其本人、家属或法定监护人负全部责任。

如果乘客利用城市轨道交通设施设备自杀造成伤亡，则伤者的医疗费用和死者的丧葬费用由伤亡者本人、家属、法定监护人或其所在单位负责，城市轨道交通企业原则上不承担任何费用。利用城市轨道交通设施设备进行他杀者，由司法机关按照刑法及有关法律处理。

二、客伤事件处理要求及原则

突发客伤事件时，乘客服务人员要快速反应，立即赶赴现场开展事件处理，特别是值班站长应在 2 分钟内到达现场指挥事件处理。

发生客伤事件后，乘客服务人员应立即采取措施进行处理，按照救死扶伤、减少损失、及时取证、配合调查、排除故障、恢复运行、善后处理、减少负面影响的原则处理。同时，要按照国家有关规定及时向相关部门报告，并配合公安部门及时对现场进行勘查、检验。

三、客伤事件处理流程

为了快速反应，迅速、正确处理客伤事件，乘客服务人员务必牢记客伤事件处理流程，提高处理能力。

1. 发现客伤，赶赴现场

当突发客伤事件时，站务员要立即赶赴现场，并汇报当班值班站长（或站长）。站务员到达现场后应根据需要关闭、停用相关设备，做好现场防护，疏散围观群众。如果乘客伤势较重，在急救车未到来前可用“正在维修”屏风遮挡住受伤乘客。发生客伤事件的现场若有污迹，车站要同公安部门协商后及时清理。值班站长到达现场后要按事故处理负责人的安排协助进行处理。

在客伤事件的处理过程中，值班站长的责任较为重大，接到报告后应在 2 分钟内到达事故现场确认情况，同时安排工作人员携带急救医药箱赶赴现场。相关专业人员到位后，值班站长要配合专业人员抢险、抢修，尽可能维持交通运营秩序。

发生客伤事件后，车站应立即通知公安部门前往现场。有关单位和个人应予以协助配合。车站工作人员应根据事件性质拨打 119、120 或 110 等电话，通常由值班站长或事故现场目击者在第一时间向有关部门报告。

知识窗

客伤事件报告内容

客伤事件报告一般包括以下内容：

1. 事件发生时间（月、日、时、分）。
2. 事件发生地点（区间、百米标和上、下行正线）。
3. 涉事列车车次、车组号，相关人员姓名、职务。
4. 事件概况及原因。
5. 人员伤亡情况，车辆、线路等设施设备损坏情况。
6. 是否需要救援，是否影响邻线运行。
7. 其他必须说明的内容及要求。

2. 救死扶伤，减少损失

当突发客伤事件时，乘客服务人员必须快速到达现场，安抚受伤乘客，察看乘客伤势，对伤者进行现场救治。现场救治伤者时要注意，包扎、用药前必须咨询伤者意见，了解是否有药物过敏等其他特殊情况。对于伤势较重的乘客，不得随意搬动，防止二次受伤。对于神志清醒的伤者，应咨询其意见，必要时协助拨打 120 电话进行紧急救治。对于神志不清的重伤者，应及时拨打 120 电话，并迅速送往医院进行救治。

若初步判断乘客受伤属于城市轨道交通企业责任，则车站应立即向有关部门、单位汇报。若乘客要求去医院检查，车站可派人陪同乘客前往医院。对于乘客在医院所花费用，车站经请示同意后，可在有关经费中垫付。

若初步判断乘客受伤不属于城市轨道交通企业责任，在乘客意识清醒的情况下，车站应向乘客取得其家人的联系方式并与之沟通。对于受伤的老人和小孩，车站还应通知其家属赶往车站或医院。如果乘客已有人陪同，车站原则上不派人员陪同乘客前往医院，只将乘客送出车站即可，所发生费用由乘客自行承担。如果乘客强烈要求车站派人陪同去医院，则陪同的车站人员不负责支付乘客治疗费用和相关交通费用。若乘客表示无法支付医疗费用或强烈要求车站人员支付医疗费用，车站须致电本部门（分管）经理级以上领导，根据领导的指示处理。

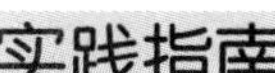

实践指南

车站常用药品及客伤救治技巧

1. 车站常用药品

万花油、碘酒（或双氧水）、棉签、红药水（或紫药水）、止血贴、纱布、绷带等。

2. 轻微客伤救治技巧

首先，要询问乘客是否对所使用的药品有过敏或不良反应。

对于没有出血的客伤，可使用万花油等药油涂抹处理。涂抹时要注意力度，避免造成乘客剧烈痛楚。

对于出现流血的客伤，应先使用清水清洁伤口，把脏物及血迹洗去。

清洁完毕后，如伤口较小，出血较少，可使用止血贴处理；如伤口较大或持续出血，可用棉签蘸取适量碘酒或双氧水对伤口表面进行消毒，并在离伤口 5 ~ 8 厘米处用绷带绑扎以减缓失血，然后用棉签蘸取适量红药水或紫药水涂于伤口表面，待止血后再松开绷带。

3. 较重客伤救治技巧

首先，要询问乘客其受伤部位及其他部位有何不适。

在不了解乘客受伤状况时，应尽量避免移动乘客身体，切忌按压心、肺、肝、肾等器官位置，以免对乘客造成二次伤害。可在现场使用屏风进行围闭，等待急救人员到场处理。

确实需要移动受伤乘客的，在征得乘客同意后可局部移动其手部或脚部，尽量避免移动颈部。

需要把受伤乘客抬离现场的，原则上应依靠其肩部及下肢将乘客转移至担架后抬离现场。把伤者转移至担架上时，必须安排专人负责承托伤者颈部及头部，抬起时应尽量保持伤者上身与颈部、头部处于同一平面。

3. 及时取证，调查分析

当客伤事件（含晕倒、猝死）发生后，城市轨道交通企业应立即成立事件调查小组，及时、全面、准确地收集证据，按照“四不放过”（事故原因未查清不放过，责任人员未处理不放过，责任人和群众未受教育不放过，整改措施未落实不放过）的原则对事件进行调查、分析，并根据相关法律法规初步判断责任，形成事件的初步处理意见。公安部门应当及时对现场进行勘查、检验，依法处理现场，出具伤亡鉴定结论。

现场取证的种类包括当事人陈述、证人证言、视听资料、书证、物证等。收集证据过程中要充分利用录音、影像等技术做好证据保存。如果公安部门介入事件调查，车站工作人员要尽力、主动、及时协助取证。

目击证人应至少劝留两名，证人尽量不为车站工作人员、当事人的亲属，或有利害关系、其他关系的人。如果现场只有当事人家属或朋友，也须留下证词，并且应安排专人接洽现场劝留的证人。

当事人、目击证人和车站工作人员应填写“事件经过记录表”（见表 2–1、表 2–2、表 2–3）或录音，填写或录音要完整，注意细节。例如，事件发生时周围的环境、设备状况如何，当事人所带行李及随行人员有哪些，是否由于自身健康原因、第三者或其他外部因素造成受伤，当事人是主观故意还是过失，当事人受伤部位和伤势，发生事件后采取了哪些处理方式等。

表 2–1　　事件经过记录表（当事人）

<table>
<tr><td>事发时间</td><td></td><td>事发地点</td><td></td><td>性别</td><td></td><td>年龄</td><td></td></tr>
<tr><td>当事人姓名</td><td></td><td>身份证号码</td><td></td><td>联系电话</td><td colspan="3"></td></tr>
<tr><td>家庭地址</td><td colspan="2"></td><td colspan="5">事件经过记录方式：自写（　　）口述授权他人代写（　　）</td></tr>
<tr><td colspan="8">

签名捺印：
日期：</td></tr>
</table>

表 2–2　　事件经过记录表（目击证人）

<table>
<tr><td>事发时间</td><td></td><td>事发地点</td><td></td><td>性别</td><td></td><td>年龄</td><td></td></tr>
<tr><td>目击证人姓名</td><td></td><td>身份证号码</td><td></td><td>联系电话</td><td colspan="3"></td></tr>
<tr><td>家庭地址</td><td colspan="2"></td><td colspan="5">事件经过记录方式：自写（　　）口述授权他人代写（　　）</td></tr>
<tr><td colspan="8">

签名捺印：
日期：</td></tr>
</table>

表 2–3　　事件经过记录表（工作人员）

事发时间		事发地点		性别		年龄	
工作人员姓名		身份证号码		联系电话			
家庭地址		事件经过记录方式：自写（　　）口述授权他人代写（　　）					
签名捺印： 日期：							

4. 妥善处理，减少影响

客伤事件发生后，城市轨道交通企业要组成综合善后处理小组，对当事人或其家属进行安抚，制定善后处置方案，减少负面影响。在善后处理过程中要遵循以下原则：

一是依法依规。应当依照国家有关的法律法规、地方法规和规章等处理。

二是公平合理。应当公平对待当事人，各方应合理承担责任。

三是协商解决争议。应当本着解决问题、解决争议的目的，尽量与当事人协调。

四是维护企业利益。善后处理应当尽可能地维护企业利益和企业形象。

同时，在事件善后处理过程中，企业要耐心细致地做好当事人或其家属的思想工作，避免激化矛盾。对无理取闹、影响城市轨道交通正常运营、有意制造事端、破坏城市轨道交通设施设备的人员，应交由公安部门依法处理，并追究法律责任。

凡属于城市轨道交通企业责任造成的伤亡，相关医疗费用、丧葬费用等按照有关规定由企业承担。其中涉及保险的，按有关保险条款办理。

客运伤亡事件责任属于一方的，损失费用由责任方承担；责任属于双（多）方的，损失费用由双（多）方协商，合理承担。

案例分析

乘客赵某（女，66 岁）在乘坐地铁某站 3 号扶梯时，左手拄着拐杖，右手挽着其女儿。在扶梯上升至第 3 级时，两人同时摔倒。赵某右脑、右耳、鼻子当场大量出血，受伤情况严重。当时事发现场附近有 1 名保洁人员及 1 名保安人员。

该客伤事件处理过程如下：

1. 工作人员立即关停扶梯，协助赵某女儿将赵某移到安全位置，用屏风阻拦围观乘客。

2. 工作人员拨打110、120电话，等待公安人员现场勘查，等待医护人员紧急救治。

3. 工作人员通知扶梯检测人员到现场对扶梯进行检查，出具检查报告。

4. 工作人员寻找两名及以上的目击证人进行书面或录音记录。

5. 工作人员根据书面或录音记录，向赵某女儿核实事件经过。

6. 工作人员拍照记录当时设施设备状态及警示标志的设置情况。

7. 工作人员将掌握的有关情况向客伤负责人、保险公司等汇报。

8. 工作人员向公安部门申请查看事发现场录像。

【分析】发生客伤事件后，相关工作人员立即按照规定进行处理，反应及时，处理措施得当，善后处理过程合理，查清了事实，查实了责任，使整个事件得到了较好的解决。

四、客伤处理常用法律法规

客伤处理要根据相关法律法规依法进行，才能减少伤亡，降低损失，避免纠纷。

1.《中华人民共和国侵权责任法》

根据该法，城市轨道列车撞伤乘客，或乘客在乘坐城市轨道列车的过程中（从登上列车至离开列车）受伤（第三人侵权不适用），城市轨道交通企业承担无过错责任，即没有过错但依然要承担责任。但如果能够证明伤害是由于乘客故意造成的，或是不可抗力造成的（如地震、水灾、战争、政府禁令等），则企业不承担责任。

该法还明确了城市轨道交通企业可减轻责任的情形，即：如果损害是由第三人造成的，应由第三人承担责任；如果能证明乘客有过错的，可以减轻城市轨道交通企业责任。

2.《中华人民共和国合同法》（运输合同）

根据该法，承运人应当对运输过程中乘客的伤亡承担损害赔偿责任，但伤亡是乘客自身健康原因造成的或者承运人证明伤亡是乘客故意、重大过失造成的除外。

3.《中华人民共和国消费者权益保护法》

根据该法，在城市轨道交通运营中，城市轨道交通企业必须对有可能危及乘客人身、财产安全的设施设备（如扶梯、车门、屏蔽门等）做好警示提醒，并说明和标明正确使用这些设施设备的方法及防止危害发生的方法。如果城市轨道交通企业发现设施设备存在严重缺陷，即使正确使用这些设施设备也仍然可能对人身、财产安全造成危害的，应当立即向有关

行政部门报告和告知乘客，并采取防止危害发生的措施。当因为城市轨道交通企业的安全警示不足、设施设备故障、人员服务引导错误等过错造成乘客人身损害、财产损失时，城市轨道交通企业应承担相应赔偿责任。

五、客伤事件发生原因及防控

为减少客伤事件的发生，乘客服务人员要深入分析客伤事件发生的影响因素，寻找有效的预防和处理措施，预防客伤事件的发生，控制客伤事件的影响。

1. 客伤事件发生原因

发生客伤事件的原因有很多，例如，乘客自身安全防护能力或安全意识较差，城市轨道交通设施设备复杂、自助要求高，以及城市轨道交通工作人员工作失误，等等。客伤事件可能是其中某一类原因所致，也可能是多种因素共同作用的结果。

从近几年城市轨道交通车站乘客受伤情况统计来看，乘客受伤的原因主要包括：乘扶梯摔伤，占总数的30%左右；被车门或门式闸机夹伤，占总数的25%左右；其他意外伤害，主要为脚踩入列车与站台之间的缝隙受伤或因站内施工受伤，占总数的45%左右。

此外，从受伤乘客的年龄分布来看，60岁以上老人受伤占总数的50%以上，儿童及孕妇约占总数的15%。因此，乘客服务人员日常工作中要特别注意扶梯、车门等客伤高风险区域的安全控制及特殊乘客群体的服务需求，及时提供指导、协助、引导服务。

2. 客伤事件防控

为了有效防范客伤事件，乘客服务人员要针对客伤事件多发区域、设施设备及特殊乘客人群，提高安全意识，安全操作设施设备，做好巡视工作，加强宣传提醒，防患于未然，减少客伤事件的发生。

（1）安全操作设施设备

乘客服务人员开关扶梯时，须先确认梯上无人，扶梯遇故障要立即停用。使用轮椅牵引机时须由站务员操作，慢上慢下。电梯因故障困人时，站务员要能进行简单的救援。

客运设施设备（如扶梯、电梯、楼梯等）发生故障或进行维修时，工作人员须摆放停用、维修警示牌，用栏杆做好围蔽，防止乘客误用并导致伤亡。

城市轨道交通车站在运营时间对公共区域天花板、地板、楼梯、墙体装修等进行维修施工或对较大设备进行安装、维修，或进行动火、用电的维修施工时，须做好围蔽，设置警示标志，现场安排专人防护，防止乘客伤亡。

遇雨水天气时，车站出入口附近地面湿滑，车站要做好引导，发布告示。

车站发生人流拥挤时，乘客人身安全风险很大，极易造成群死群伤事故，车站对此应有完善的预案和应急机制。

（2）加强站台安全防范工作

城市轨道交通车站站台是安全风险较高的区域，直接导致乘客死亡的事件一般都在站台轨道发生。特别是未装屏蔽门的线路上经常发生乘客跳轨自杀或意外坠轨导致伤亡的事故，甚至已装屏蔽门的线路也发生过乘客夹在车门与屏蔽门之间的缝隙导致乘客死亡的事故。因此，乘客服务人员要加强安全防范工作，具体包括：

接发车间隙，乘客服务人员要巡视整个站台，不得固定站立在某一个位置。巡视时，要保持不间断地观察乘客的候车动态，要及时提醒乘客不要越出黄色安全线，按秩序排队上车。

发现异常情况时，乘客服务人员须立即向行车值班员报告，行车值班员通过站台监视器做好监视，进行联动处理。同时，站台站务员也必须注意收听列车进站广播和关门广播的播放内容，互相联控。

发现屏蔽门（安全门）故障时，乘客服务人员要立即用对讲机通知司机，并按车门、屏蔽门（安全门）有关故障处理的程序进行处理，张贴好故障提示贴纸。当屏蔽门（安全门）因故障不能关闭时，乘客服务人员应在故障屏蔽门（安全门）附近巡视，阻止乘客靠近，防止乘客从常开的屏蔽门（安全门）坠入轨道。

乘客服务人员要做好对乘客的监控，引导下站台的乘客到人较少的地方候车，提醒乘客不要越过黄色安全线，尤其应注意提醒正在打电话、玩游戏、看书报的乘客。

（3）加强安全宣传教育，提高乘客安全意识

预防客伤事件是关系乘客人身安全和城市轨道交通行车安全的大事，乘客服务人员要贯彻预防为主、防救结合的原则，加强乘客安全管理，防止客伤事件的发生。各有关部门应当经常对乘客进行安全宣传教育，按规定设置安全警示标志，提高乘客的安全意识，防患于未然。

实践指南

平平安安坐地铁（某地铁公司安全乘车宣传材料）

一、进站前及站内通行注意事项

1. 请穿着舒适、防滑的鞋子，尽量不要穿着高跟鞋、拖鞋及状况不良的鞋子进站乘车。

2. 进站前请注意出入口的整体设计布局，防止踏空或与玻璃围墙发生碰撞，严禁翻越护栏。

3. 注意站内摆放的各类安全告示牌，如“小心地滑”“正在维修”等。

4. 站内通行时请注意地面状况，严禁奔跑、追逐。

5. 严禁在车站及车厢内吸烟、吐痰、丢弃果皮杂物。

6. 特殊情况时，请听从工作人员的指挥，到指定地点候车或出站。

二、使用扶梯注意事项

1. 踏上扶梯前

（1）先看清楚运行方向。

（2）踏入时应加倍小心。

（3）避免宽松衣物贴近梯级边。

（4）切勿在入口范围站立或逗留。

（5）使用轮椅，携带婴儿车、手推车、行李或大件物品时，切勿使用扶梯。

2. 使用扶梯时

（1）紧握黑色扶手带。

（2）双脚站稳在同一梯级上。

（3）面向前方。

（4）切勿坐在梯级上。

（5）站稳，切勿走动。

（6）切勿奔跑、嬉戏、争抢向前。

（7）穿着长裙、凉鞋或拖鞋的乘客，在梯级边要小心。

（8）切勿靠在扶梯两边或倚在扶手带上。

3. 离开扶梯时

（1）在扶梯尽头处及时踏出。

（2）尽快离开出口范围。

4. 一般安全指引

（1）小心照顾同行的老人和小孩。

（2）使用轮椅，携带婴儿车、手推车、行李或大件物品的乘客，请使用专用电梯。

（3）已经停止运行的扶梯梯级高低不一，使用时须加倍小心。

（4）如遇紧急情况，立即按下扶梯的紧急停止按钮。

三、使用专用电梯注意事项

1. 请让有需要的乘客优先使用。

2. 请先让专用电梯内的乘客离开再进入。

3. 请勿超载。

4. 请勿靠近或手扶电梯门。

5. 请勿强行打开电梯门。

6. 如在电梯内遇到故障，请保持镇静，按照电梯内应急指引操作，等待救援。

四、使用闸机注意事项

1. 请站在黄线外验票，出站时单程票请投入回收口。

2. 请勿奔跑通过闸机。

3. 成人带小孩通过闸机时，请照顾好小孩，确保安全。

4. 携带婴儿车、轮椅、手推车、行李或大件物品的乘客，请联系工作人员使用专用通道。

5. 使用扇门式闸机时，在通过闸机后请往前走，切勿在闸机通道停留或往返行走。

五、站台候车注意事项

1. 请勿越出黄色安全线。

2. 请先下后上。

3. 请勿手扶或倚靠屏蔽门。

4. 如遇紧急情况，请按下紧急停车按钮并通知工作人员。

5. 如有物品掉入轨道，请联系工作人员拾取。

6. 请勿阻挡盲人绿色通道。

7. 在任何情况下，严禁擅自进入轨道。

六、列车运行过程注意事项

1. 禁止倚靠车门，请确保手远离车身与车门之间的空隙。

2. 切勿让身体、手袋、背包或者其他个人物品阻碍车门关闭。

3. 上车后请往车厢中部走。

4. 上车后请坐好，站立时请紧握吊环或立柱。

5. 请勿倚靠立柱。

6. 请给有需要的乘客让座。

7. 请勿让行李阻塞上下车通道。

8. 请留意列车广播和显示屏信息。

9. 如非紧急情况，切勿随意触动车上的应急设备。

10. 如感到身体不适，请向车站工作人员求助。

七、列车到站注意事项

1. 请注意车厢内广播及报站提示，提前做好下车的准备。

2. 如未能及时下车，请耐心等待，到下一站下车再返回。

八、上下车注意事项

1. 灯闪、铃响时请勿上下列车。

2. 上下列车时请注意列车与站台之间的空隙及高度落差，以免发生意外。

3. 请勿阻止车门或屏蔽门关闭。

（4）做好车站应急服务

城市轨道交通企业应分别就运营事故、突发客流、突发灾难、恶劣天气、乘客伤亡、政府管制等影响城市轨道交通正常运营的突发事件制定应急服务预案，有需要时及时启动。具体措施有通过告示、广播等告知乘客、疏散乘客，并提供退票等服务。如果中断运营的时间过长（一般为 30 分钟），还应联系地面公共交通系统，为乘客提供免费公交接驳的服务。

城市轨道交通车站还应备有简易药箱及担架等救护物品，以备乘客不时之需。当遇到乘客身体不适时，可以进行简单的救治或拨打 120 等电话，如图 2–26 所示。

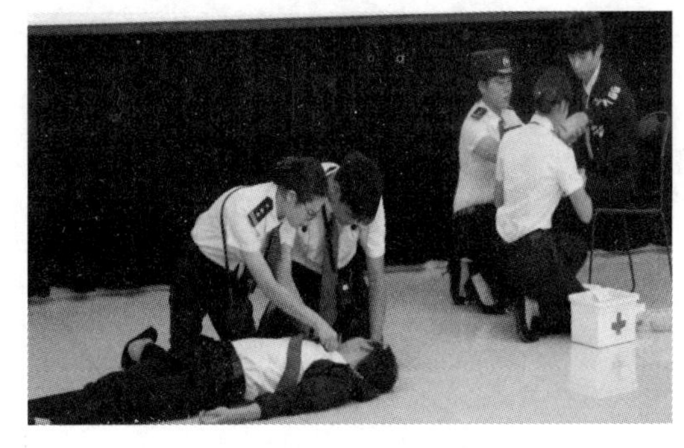

图 2–26　应急服务

乘客纠纷、醉酒闹事、盗窃财物等治安事件，特殊气象条件（如大风、结冰、暴雨等），甚至乘客丢弃的果皮、呕吐物等都可能导致乘客受伤。站务员是第一时间在现场防范、处理的人员，需要多巡多看多提醒，减少乘客意外伤害。

思考与练习

1. 列举常见的城市轨道交通违禁物品，简述规范的安全检查工作流程。

2. 简述站台候车服务的工作要求。

3. 举例并模拟解答乘客问询，给予乘客正确的引导。

4. 如何主动为老、幼、病、残、孕、抱婴者等特殊乘客进出站和上下车提供温馨、贴心的爱心服务？

5. 简述协助寻人服务工作流程和协助寻物服务工作流程。

6. 乘客不同程度醉酒闹事事件应如何进行处理?

7. 客伤事件处理的要求及原则是什么?

8. 案例分析

据报道，某市地铁近期出现了多起乘客纠纷事件，绝大部分发生在列车上，其中近半数还有肢体冲突。这些事件对地铁正常运营秩序产生了不良影响，如造成严重晚点等。部分乘客因此受伤，引起了社会关注。

问题:

(1)面对发生在列车上的乘客纠纷事件，乘客服务人员应该如何处理?

(2)如何减少此类事件发生?

第三章 城市轨道交通乘客投诉处理

学习目标

- 了解乘客投诉的类型和产生原因。
- 掌握处理乘客投诉的原则和技巧。
- 能够正确处理不同类型的乘客投诉，并提出有效的整改措施。

作为服务性企业及公共交通单位，城市轨道交通企业不可避免地会遇到乘客投诉。正确认识、妥善对待和处理投诉能够体现企业的管理水平，也能够树立良好的企业形象。为了不断改进服务工作，提高服务质量，切实维护城市轨道交通企业的形象，城市轨道交通企业必须妥善处理乘客投诉。

第一节 乘客投诉概述

当乘客乘坐城市轨道交通工具时，往往会对出行过程和企业服务抱有良好愿望和较高期盼值。如果这些要求和愿望得不到满足，乘客可能会失去心理平衡，由此会产生“讨个说法”的行为，这就是乘客投诉。对乘客的不满和投诉进行诚恳、认真、积极的补救，可以大大降低乘客不满率，挽回不利影响。

一、乘客投诉的分类

乘客投诉多种多样，一般可以按以下情况进行分类：

1. 按照乘客投诉的表达方式分类

乘客投诉所采取的表达方式主要有三种：一是当面向乘客服务人员投诉，例如，到客服中心面谈；二是书面投诉，例如，通过意见箱、信函、电子邮件等投诉；三是电话投诉，例如，通过热线电话、投诉电话等投诉。

2. 按照城市轨道交通企业是否有责分类

按照城市轨道交通企业是否有责，一般可将乘客投诉分为有责乘客投诉和无责乘客投诉两大类。

当乘客投诉属于维护正当权益时，视为有责乘客投诉；如果乘客投诉属于无理取闹，则视为无责乘客投诉。

3. 按照乘客所投诉事件的性质及后果分类

按照乘客所投诉事件的性质不同及后果轻重，又可将有责乘客投诉分为一类有责乘客投诉、二类有责乘客投诉和三类有责乘客投诉。在实践中，各城市轨道交通企业对这三类有责乘客投诉的分类标准不尽相同。例如，广州地铁按以下标准确定各类有责乘客投诉：

（1）一类有责乘客投诉

由以下情况引起的乘客投诉列为一类有责乘客投诉：服务中未能运用服务知识与技巧；未及时放置警示牌，误导乘客；未主动维持乘客购票和候车秩序；未能礼貌、耐心解答乘客的问题及帮助有困难的乘客；出售储值票时，未请乘客确认显示屏上的金额；车门因故障暂停使用时，未张贴停用标志；未按规定播放广播或播放不及时；接到乘客求助 3 分钟内未能赶赴现场；运营时间出入口关闭时，未粘贴“安民告示”；车站公告栏的内容与实际运营情况不符。

（2）二类有责乘客投诉

由以下情况引起的乘客投诉列为二类有责乘客投诉：对乘客所投诉问题的调查弄虚作假或隐瞒不报；与乘客发生争执、拉扯等行为；列车清客时，未做好广播及解释工作；末班车未提前做好广播；未制止乘客违反规定的行为；在岗工作时干私事；提前关站或延误开站，时间在 10 分钟以内；对乘客讲斗气、噎人、顶撞的话；列车清客时，用物品敲打车厢，扒拉乘客；票务中心找零不足；找错钱、卖错票，金额在 10 元以下（作弊行为不在此列）；同一部门相同内容的投诉在 3 个月内达三次以上（时间以第一次投诉起计）；治安问题；列车行驶不平稳，造成乘客受伤；由于员工失误，错误引导乘客或造成乘客 10 元以下经济损失；无理拒绝乘客的合理要求；未及时更换票筒、钱箱，导致设备中断服务；未及时疏导乘客，造成拥挤。

（3）三类有责乘客投诉

由以下情况引起的乘客投诉列为三类有责乘客投诉：对乘客有推、拉、打、踢等粗暴行为；讥笑、谩骂乘客，讲有辱乘客自尊心和人格的话；捉弄、欺瞒乘客；由于员工失误，造成乘客 10 元以上经济损失；提前关站或延迟开站，时间达 10 分钟及以上；利用乘客资料，采取不同形式骚扰、恐吓他人；工作中有舞弊行为，使乘客利益受损；其他因城市轨道交通服务设施设备故障，造成乘客利益严重受损或给乘客带来较大不便的情况。

二、乘客投诉的原因

乘客投诉的原因有很多，有些属于乘客自身原因，有些属于企业的原因，具体见表 3–1。有时候，乘客的愤怒是有道理的；而有时候，也可能是乘客无理取闹。但无论乘客有没有道理，乘客服务人员都要牢记“乘客投诉都是有原因的”。要想消除乘客的不满，就必须找到引起乘客不满的原因。

表 3-1　乘客投诉原因

乘客自身原因	企业的原因
（1）乘客因其他人或事而心烦意乱 （2）乘客想找个地方发泄情绪 （3）乘客是个强词夺理、不考虑别人感受的人 （4）乘客心情不好，看谁都不顺眼	（1）设施设备故障影响出行 （2）乘客等候多时，没人理睬 （3）乘客服务人员说话态度不好，不尊重乘客 （4）乘客服务人员工作效率太低，乘客无法忍受 （5）乘客服务人员做出的承诺没有兑现 （6）乘客服务人员没有足够能力解决乘客的问题 （7）乘客的利益遭受损失

案例分析

某日客流高峰期，一位乘客来到某市地铁某车站售票窗口，要求为储值卡充值。因为当地地铁规定客流高峰期不能提供充值服务，所以售票员对乘客说："不能充值！"但他没有解释原因，态度比较生硬。该乘客要求解释原因时，售票员不耐烦地用手指了指旁边的告示，接着就向下一位乘客售票。该乘客认为售票员态度恶劣，并和售票员发生了争执。售票员认为公司规定了客流高峰期不能充值，觉得自己没有做错。乘客不满，事后投诉。

【分析】这位售票员不予售票的做法虽然符合有关规定，但是他没有考虑到乘客的感受和对售票政策的了解，服务态度比较生硬，对乘客不够尊重，所以引发了乘客的不满。

讨论：

1. 如果你是售票员，你会为这位乘客充值吗?

2. 在整个事件中，引起乘客投诉的原因有哪些？其中哪个是造成乘客投诉的最主要原因?

3. 在乘客充值时，售票员应该如何避免乘客投诉?

4. 如果你是售票员并和乘客发生争执，你会如何处理?

三、乘客投诉产生的过程

一般来说，乘客在投诉之前就已经产生了潜在性的抱怨，即因为要求和愿望没有得到满足，对列车运行或者服务存在一定的不满。潜在性的抱怨随着时间推移就变成显性的抱怨，而显性的抱怨作为投诉的一种形式，很有可能会转化为正式投诉。这一过程如图 3-1 所示。

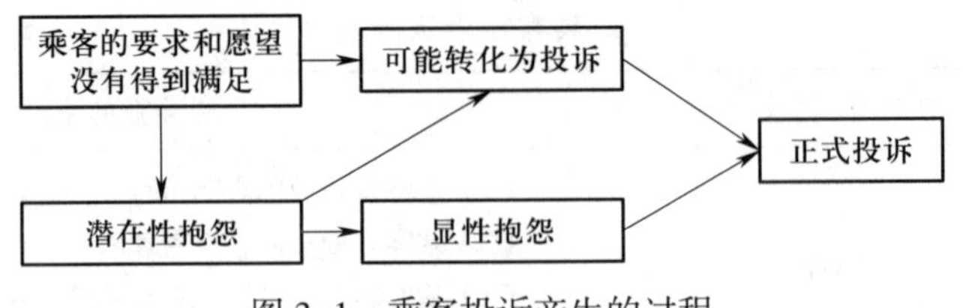

图 3–1　乘客投诉产生的过程

四、正确认识乘客投诉

服务行业无法避免消费者的抱怨和投诉，即使是最优秀的服务企业，也不可能保证永远不发生失误而引起投诉。乘客服务人员受到乘客投诉是很正常的事情，不能一味恐惧乘客投诉，厌恶乘客投诉，而是应当以积极的态度来看待乘客投诉。这样才能更好地处理乘客投诉，更有效地改进服务工作，提高服务质量。

乘客的投诉大多尖锐、直接、不留情面。许多乘客服务人员把乘客投诉当成一个“烫手的山芋”，希望它最好不要发生。可是对于城市轨道交通企业来说，没有乘客投诉的声音却未必是件好事，因为乘客投诉往往可以暴露服务的薄弱环节。

在处理乘客投诉的过程中，乘客服务人员可以向乘客解释企业的规定和标准，从而使乘客加强对企业的理解。因此，乘客服务人员既不需要对乘客投诉感到尴尬，也不需要对乘客投诉带有畏惧和抵触的心理。

知识窗

不投诉比投诉更可怕

美国曾做过一次全国消费调查，调查主题是即使对服务不满意也仍会选择某项服务的顾客有多少。调查结果显示：

不投诉的顾客中，只有 9% 的顾客表示会再次选择该项服务，91% 的顾客表示不会再次选择该项服务。

投诉没有得到有效解决的顾客中，19% 的顾客表示会再次选择该项服务，81% 的顾客表示不会再次选择该项服务。

投诉得到解决但并不及时的顾客中，54% 的顾客表示会再次选择该项服务，46% 的顾客表示不会再次选择该项服务。

投诉得到迅速解决的顾客中，82% 的顾客表示会再次选择该项服务，18% 的顾客表示不会再次选择该项服务。

在不满意的顾客中，只有 4% 的顾客会投诉，另外 96% 的顾客不会投诉，但会

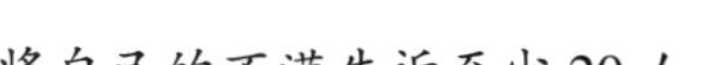

将自己的不满告诉至少20人。

调查结果表明，不投诉比投诉更可怕。顾客遇到问题后如果选择不投诉，对企业来说是一大损失。因此，企业不仅应该鼓励顾客投诉，而且要以最快的速度化解顾客的不满和抱怨，真诚地为他们解决问题，积极采取补救措施。

第二节　乘客投诉处理

城市轨道交通乘客服务人员每天都会面对成千上万的乘客，在服务过程中，一句不负责任的话、一个不规范的动作、一种生硬的态度都有可能引起乘客的不满并进而产生投诉。所以，城市轨道交通企业要学会正确处理乘客投诉，维护企业形象。

一、有效处理乘客投诉的意义

1. 维护企业自身形象

有效处理乘客投诉可以将乘客投诉所造成的不良影响降至最低点，避免不良影响在社会公众间扩散，从而维护企业自身形象。

2. 挽回乘客对企业的信任

有效处理乘客投诉可以挽回乘客对企业的信任，使更多的乘客愿意继续选择企业的服务，使企业的良好口碑得到维护和巩固，从而增强企业的竞争力。

3. 及时发现问题并留住乘客

有的乘客投诉实际上并不是抱怨服务的缺点，而只是表达对服务的一种期望，或者是提出他真正需要的服务类型。这样的投诉能给企业提供一个发展的参考意见，如果企业能很好地处理这类投诉，就能赢得这类乘客。

4. 有利于营造和谐的社会环境

城市轨道交通作为公共交通的重要组成部分，有一定的社会影响力。有效处理乘客投诉，可以及时化解矛盾，避免造成不利的社会影响，为广大乘客出行创造一个和谐愉快的环境，有利于社会的和谐发展。

二、乘客投诉处理过程

城市轨道交通车站的值班站长是乘客投诉的主要受理者，乘客投诉基本上由值班站长进行处理和跟踪。乘客投诉的处理一般要经过投诉受理、投诉调查处理、投诉化解、服务改进四个阶段。

1. 乘客投诉受理

发生乘客投诉时，一般由当班值班站长受理乘客投诉，并将乘客所反映的问题如实记录。对于并非因乘客服务人员失职、违规等引起的乘客投诉，值班站长应当场予以解释和答复。若乘客投诉是由于乘客服务人员失职、违规等自身过错引发，则值班站长应立即找当事人到现场调查处理并向乘客道歉。若乘客不满意车站的处理，值班站长应向乘客提供服务总台的投诉电话，把事件移交服务总台处理。

通常，城市轨道交通企业会设立服务总台专门受理乘客的各种投诉，服务总台接到乘客投诉时应在乘客事务记录本上如实记录。对于并非因乘客服务人员失职、违规等引起的投诉，服务总台应当场予以解释和答复。若乘客投诉是由于乘客服务人员失职、违规等自身过错引发，则服务总台应根据乘客所提供信息将事件转交相关部门进行调查，并要求其在 72 小时内回复服务总台。服务总台在接到乘客投诉的 7 天内必须将处理结果告知乘客。

2. 乘客投诉调查处理

乘客投诉的调查处理要及时、客观、公正，坚持以自我分析为主。处理乘客投诉要遵循“四不放过”原则，即投诉原因分析不清不放过，责任人和其他员工没有受到教育不放过，没有制定防范整改措施不放过，领导责任没有追究不放过。

3. 乘客投诉化解

在处理乘客投诉的过程中，乘客服务人员不要指责乘客，不要将过错归咎于乘客。即便是乘客有错，也不要揭乘客的短处，以防止激化矛盾。乘客发泄不满时，不要急于打断他，也不要急于辩解，应微笑而视，表现出对他的投诉很重视、很关注。对乘客的问题不要有先入为主的判断，不要以一个专业人士的眼光看待、判断乘客的投诉，要站在“门外汉”的角度聆听、理解乘客的投诉。

4. 乘客投诉服务改进

城市轨道交通企业要定期总结分析乘客投诉案例，了解乘客的服务需求，分析服务工作的不足之处，从规章制度、人员素质、设施设备、沟通反馈等方面入手，制定针对性整改措施，提升服务水平。

另外，在突发的紧急情况下，为避免乘客因种种猜测而引起不安与恐慌，城市轨道交通企业要在第一时间通过广播、告示等方式向乘客进行解释，尽可能地告知其事故原因，保障乘客的知情权，冷静处理和应对事故，这样也可有效减少乘客的投诉。

三、乘客投诉处理原则

乘客投诉情况各异，处理乘客投诉的方法也不是一成不变的。但是，处理乘客投诉一般有以下四个通行的原则：

1. 安全第一，乘客至上

处理乘客投诉应该以保证城市轨道交通安全和乘客安全为前提。在此前提下，乘客服务人员应最大限度地满足乘客正当合理的需求，解决乘客投诉的问题。

处理乘客投诉时，乘客服务人员首先要站在乘客的立场上考虑问题，要告诉自己：“一定是我们的工作没有做好，给乘客带来了不便。”同时，乘客服务人员还要相信，乘客投诉总是有他的理由。这是一个非常重要的观念，有了这个观念，乘客服务人员才能用平和的心态处理乘客的抱怨和投诉，并且会对乘客的投诉行为给予肯定和感谢。

案例分析

一名成年人抱着一个大纸盒进了地铁站，乘客服务人员见状上前询问，得知纸盒内装的是计算机显示器。于是，乘客服务人员礼貌地提醒：“先生您好，为了您和其他人的安全，按规定我们不能让您进站。”乘客很不理解，认为是乘客服务人员故意难为他，不满地说：“为什么不可以，新买的显示器能有什么危险？我要向你们的领导投诉！”

对此，两名乘客服务人员有了不同的意见。

乘客服务人员甲：为了不和乘客发生冲突，就先让乘客进站。反正是新买的，不会出现问题。

乘客服务人员乙：一定不能让该乘客进站。即使发生冲突，也不能让其进站。

那么，哪一名乘客服务人员的做法正确呢？

【分析】乘客不清楚乘坐地铁的相关规定，认为新的显示器没有任何危险，这是这一事件发生的主要原因。乘客服务人员在处理乘客投诉时，应在保证安全的前提下做到“乘客至上”，不可违反安全方面的规章制度。

遇到态度强硬、固执的乘客时，乘客服务人员应该耐心地向其解释相关规定，切不可埋怨乘客，或与乘客发生争执。要从乘客的角度去考虑，帮助乘客妥善解决问题。例如：如果乘客已经购票，则乘客服务人员应帮助其退回票款；如果乘客认为物品太重，不便出站，则乘客服务人员可以寻求同事帮助。

2. 不推脱责任

面对乘客投诉和不满情绪，乘客服务人员不能推脱责任，不能想方设法把问题推到乘客一边，不能总是想：“这是我的责任吗？”“如果乘客向上级投诉，我应该怎么解释？”要避免说“如果是我的问题，我一定帮您解决”之类的话。乘客服务人员要正视自己可能存在的问题，诚恳地向乘客道歉。只有表明了这种态度，才能更好地处理乘客投诉。

3. 先处理心情，后处理事件

乘客投诉时，往往心情不悦，容易受情绪影响。此时，乘客服务人员应该先关注乘客的心情，让乘客先平息怒气，然后再想办法帮助乘客解决问题。

案例分析

某地铁车站的客服中心前排起了长队，一位要购票的乘客等了很久才轮到自己办理。此时，一名乘客服务人员带领一位乘客过来，要求客服中心工作人员先给这位乘客办理业务。原来，该乘客因地铁票卡出现故障不能出站。于是，客服中心工作人员先给该乘客办理了业务。此时，排在队首的乘客表示了不满："你们是怎么做服务的，怎么先给后来的人服务啊？"乘客服务人员急忙解释："按公司规定，我们需要先为不能出站的乘客服务。"但该乘客不听解释，大声说："让你们领导过来，我要投诉！"

此时恰好值班站长经过，听了乘客服务人员的解释以后，对乘客说："您好，我们公司确实是这样规定的，请您理解。"但是，乘客仍不满意，继续要进行投诉。

【分析】乘客服务人员的做法虽然符合规定，但是没有考虑乘客的心情，处理不够妥当，从而使乘客更加不满，引发了乘客的投诉。

首先，乘客服务人员只强调照章办事，没有顾及其他乘客的心态，导致其他乘客产生不满情绪。其次，当乘客抱怨时，乘客服务人员没有第一时间安慰乘客，只是为自己的行为辩解，乘客的不满没有得到安抚。最后，值班站长漠视乘客的抱怨，没有从乘客角度出发，没有耐心倾听乘客投诉，便急着向乘客解释乘客服务人员没有做错，忽视了乘客的情感需求。

在这一案例中，乘客服务人员面对乘客排队人数较多、花费时间较长的情况，应该及时联系车站控制室，请求其他工作人员协助。当发现乘客有不满意的情绪时，应第一时间给予安抚，并找同事协助办理，而不应该一味向乘客解释，推脱自己的责任。值班站长到场时，应先耐心地倾听乘客的投诉，并表示虚心接受乘客的意见。值班站长不应该直接指出乘客服务人员没有错，而是应该向乘客委婉地解释，并表示歉意，给乘客一个台阶下。

4. 包容乘客

包容乘客就是指对乘客的一些错误行为给予理解和宽容，包容乘客的核心是善意的理解。当发现乘客的某些行为违反规定时，乘客服务人员只要给予乘客善意的提醒即可，要懂得体谅乘客，避免让乘客处于难堪的状态。虽然乘客的投诉并不都是对的，但如果得理不让人，必将会造成双方关系紧张而不利于问题的解决。如果乘客服务人员能够包容乘客，那么由此而引发的冲突就能得到及时避免。

案例分析

一位妈妈带着孩子在地铁站台上候车。孩子喝完饮料后，妈妈随手将饮料瓶扔到了地上。她给孩子擦完嘴之后，又随手将纸巾扔到了地上。此时，乘客服务人员上前制止，要求其将饮料瓶和纸巾放回垃圾桶里，并且嘀咕道："真没素质。孩子还在身边呢，以后怎么教育孩子？"这位乘客很不高兴，和乘客服务人员争吵了起来。

【分析】该乘客乱扔东西的行为违反规定，乘客服务人员应当加以制止。但是，该乘客服务人员在制止乘客时带有主观情绪，直接指责乘客，而且态度不好，让乘客觉得难堪。

乘客服务人员在发现乘客有违规行为时，要特别注意服务态度，使用礼貌用语。同时，要以宽容的心态对待乘客的错误，耐心地对乘客进行解释、教育和提醒，给乘客一个承认错误、改正错误的台阶。

四、乘客投诉处理技巧

在处理乘客投诉时，对不同类型乘客和不同具体事件有不同的处理方式和处理技巧。掌握好这些乘客投诉处理技巧，能够起到事半功倍的效果，更好地为乘客服务。

1. 用心倾听

抱怨的乘客需要有忠实的听众，乘客服务人员喋喋不休的解释只会让乘客感觉他在推卸责任，从而使乘客的心情更差。面对乘客的投诉，乘客服务人员需要掌握倾听的技巧，从乘客的抱怨中找出真正的原因及其所期望的结果。因此，倾听乘客的投诉不仅能够了解整个事件的经过，同时还能在一定程度上化解乘客的不良情绪。

倾听是一种情感活动，是要真正理解对方所表达的意思。做到用心倾听需要注意以下四个方面问题：

（1）要有耐心

在乘客投诉的过程中，切忌轻易打断乘客，要仔细思考乘客提供的信息。应该花 80% 的时间去听，给乘客 80% 的时间去讲。倾听过程中要保持冷静的心态，不受其他事物的影响。

（2）学会回应

倾听的过程中要运用眼神、表情等非语言传播手段来表示自己在认真倾听，尽可能以柔和的目光注视着对方，并通过点头等方式及时对对方的谈话做出反应。

（3）同理心

要站在乘客的角度考虑问题，将心比心地感受乘客的心情。这是真正能听到乘客心声的好办法，是乘客服务中不可或缺的沟通技巧。

（4）不要挑对方的毛病

倾听时不要当场提出自己的批判性意见，更不要与对方争论，尽量避免使用否定别人的回答或评论式的回答，如“不太可能”“我认为不该这样”等。

用心倾听的具体做法见表 3–2。

表 3–2　　用心倾听的具体做法

正确做法	不正确的做法
（1）乘客投诉到车站办公室时，应先请乘客坐下并及时给乘客倒水，表示对乘客的尊重 （2）乘客叙述时要用心倾听，让乘客发泄情绪。在倾听过程中，可以插入“那么，然后呢？”“噢，原来是这样！”等话语 （3）不要轻易打断乘客的话。如果有不明白的地方，要等乘客说完后，以婉转的方式请乘客解释，如说：“对不起，是不是可以再向您请教……” （4）适当安抚乘客情绪，如说：“请您别着急。”“您先消消气。” （5）适时表示赞同，如说：“我很理解您的感受。”	（1）态度冷漠，对乘客的话没有回应 （2）观点不同时，粗暴地打断乘客的话 （3）表示出不满或不耐烦

总之，倾听的目的是让乘客把想说的话都说出来，让乘客一吐为快，然后才有协商的余地，其实有些乘客只要将意见表达出来就能解决全部问题。

2. 真诚道歉

当乘客抱怨或投诉时，无论是否为乘客服务人员的责任，都要诚恳地向乘客道歉，并对乘客提出问题表示感谢。尤其是在工作确实有过失的情况下，更应该马上道歉，如说：“对不起，给您添麻烦了。”这样可以让乘客感到自己受到了重视。真诚道歉的具体做法见表 3–3。

表 3–3　　真诚道歉的具体做法

正确做法	不正确的做法
（1）适当表示歉意，让乘客感到工作人员非常关心他的情况，如说：“我们非常抱歉听到此事。” （2）道歉要诚恳，如说：“对不起，耽误您的时间了。”	（1）认为自己的行为没有错误，拒绝道歉 （2）道歉缺乏诚意，语音、语调或肢体语言表现出不情愿或不耐烦

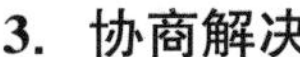

3. 协商解决

在听完乘客投诉之后，乘客服务人员首先要弄清楚乘客投诉和抱怨的原因，了解乘客的想法，切忌在没有了解乘客想法之前就自作主张地直接提出解决方案。在协商解决时，不要推卸责任，不要指责或敷衍乘客。在明白乘客的想法后，要十分礼貌地告知乘客将要采取的措施，并尽可能让乘客同意。如果乘客不知道或者不同意这一处理决定，就不要盲目地采取行动。协商解决的具体做法见表 3–4。

表 3–4　　协商解决的具体做法

正确做法	不正确的做法
（1）平复乘客的不满情绪，如说：“我很能理解您的想法。” （2）主动提出建议和解决方法。如果是因为票卡（款）等问题，可以根据乘客的意见，结合实际情况提出措施；如果是因为对乘客服务人员的态度不满，则要考虑采取让乘客服务人员本人道歉或由值班站长代为道歉等办法，平息乘客的不满情绪 （3）耐心解释相关规定 （4）提出解决方案时，应语调平和，态度诚恳，不要再次引起乘客的不满情绪，如说：“这样处理，您满意吗？”“我们这样办，您看合适吗？”	（1）推卸责任，极力辩解 （2）指责乘客 （3）敷衍乘客

实践指南

在协商解决时，不要说“不”。如果用“我不能”“我不会”这样的话语，会让乘客感到工作人员不能帮助他。乘客服务人员可以反过来这样说：“我们能为您做的是……”“我很愿意为您做……”“我能帮您做……”这样，乘客的注意力就会集中在解决问题的办法上，乘客服务人员就能营造积极正面的解决问题的氛围。

4. 处理及时

一旦收到乘客投诉必须马上处理。拖延处理乘客的投诉，是导致乘客产生新抱怨的根源。即使是与车站员工无关的投诉，也应代表车站主动承担解决矛盾的责任。

乘客同意处理意见后，乘客服务人员需要说到做到，而且是马上去做。处理的速度很关键。如果有些措施无法当场兑现，或被投诉的员工不在现场等，可以采取电话道歉、书面道歉等处理方式。

5. 感谢乘客

对乘客的投诉一定要表示感谢，感谢乘客选择本企业的服务并发现服务中的不足。这些意见会帮助企业提高管理水平和服务质量。感谢乘客的具体做法见表 3–5。

表 3–5　　感谢乘客的具体做法

正确做法	不正确的做法
（1）对乘客表示感谢，如说："谢谢您的配合。""非常感谢您的建议。" （2）必要时送乘客出站，让乘客感到自己受到重视	（1）怠慢乘客，自己先行离开 （2）让乘客自行离开

第三节　乘客投诉处理案例

一、案例一

某乘客持应急纸票在车站 1 号出口附近想出站，由于他未发现持纸票乘客出口，便询问 1 号出口处乘客服务人员。经乘客服务人员指引后，乘客才找到贴在立柱上的标识。随即，该乘客向乘客服务人员反映车站内持纸票乘客出口标识不明显，希望地铁公司能够改进。乘客服务人员回复说："我们是打工的，也没办法。纸票这边走不了，只能到那边出站。"乘客听后很生气并进行了投诉。

1. 乘客投诉原因分析

（1）缺乏服务理念

缺乏服务理念是导致该事件发生的主要原因。该案例中的乘客服务人员在回答乘客问题时，没有执行首问负责制，并且在回答乘客问题时过于随意，没有体现出一名乘客服务人员应该具备的职业素养。

（2）布岗不合理，安排不得当

车站值班站长没有合理布岗，人员安排不得当，没有安排工作人员做好持纸票乘客出口处的纸票回收工作。

（3）规章、制度学习不到位

该地铁公司曾下发过《对于地铁相关问题的对外回复》的文件，规定了应答模板和处理流程，但该案例中的乘客服务人员没有按照规定流程进行处理，导致发生乘客投诉。

2. 投诉处理技巧

（1）执行首问负责制

乘客服务人员在受理乘客投诉、收到建议或接受询问时，要第一时间了解乘客的诉求，向乘客进行解释，妥善应答，及时处理并上报值班站长或车站控制室。

乘客服务人员的处理方式要恰当合理。例如，乘客服务人员可以回答："我们马上通知车站控制室派人去查看您反映的情况并采取相应措施。我们还要向上级汇报。感谢您对地铁运营的关心！"

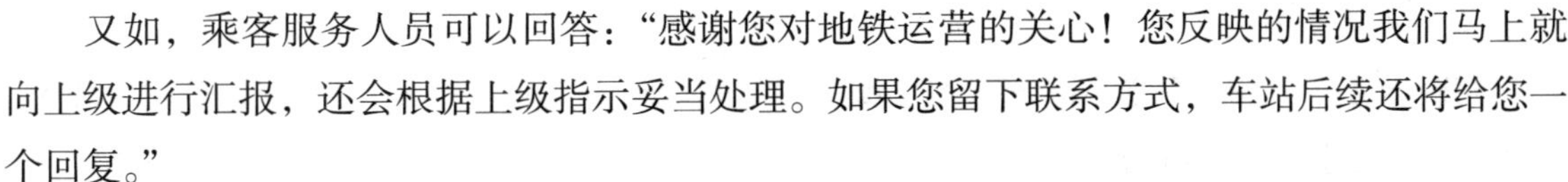

又如，乘客服务人员可以回答："感谢您对地铁运营的关心！您反映的情况我们马上就向上级进行汇报，还会根据上级指示妥当处理。如果您留下联系方式，车站后续还将给您一个回复。"

（2）服务热情，用语规范

乘客服务人员作为一线窗口服务人员，在回答乘客问题时要使用文明用语，服务热情，耐心向乘客做好解释工作，严禁使用反问句，严禁使用"这个不归我管""我不知道""我不了解"等用语进行推诿。从服务补救的角度来看，即使乘客服务人员回答乘客的问题不够完美，但是只要其态度诚恳，传递给乘客已经尽力帮其解决的信息，乘客心中的不满情绪也会大大减少。

（3）首接与结果反馈

乘客服务人员在接到乘客投诉时，要做好首接工作。如果本站不能处理，则要将乘客的问题记录下来并及时上报。如果车站能够处理，值班站长要做好安排，及时将处理结果向乘客反馈，使乘客感觉到自己投诉的问题受到重视并得到了尽快解决，这对挽回企业的形象和提升乘客的满意度具有重要的作用。

3. 改进措施与建议

（1）增强服务意识，提高服务水平

乘客服务人员要严格执行首问负责制，规范使用文明用语，热情服务，耐心向乘客做好解释工作。如果遇到自己不能处理的问题，乘客服务人员要及时用对讲机询问车站其他工作人员，让高一级岗位的工作人员（如值班站长等）出面处理，给予乘客合理解释。

（2）提升服务能力，做到举一反三

乘客服务人员对同样类型的乘客投诉应该做到举一反三。如果遇到乘客反映洗手间不易寻找、列车广播声音太小，以及列车上有不文明行为等情况，乘客服务人员要能够采取上述方法进行妥善处理。

二、案例二

某乘客在票亭找售票员购买单程票，但售票员头也不抬，只顾处理手头工作，告知乘客去对面自动售票机上购买。后乘客询问其工号，售票员因心情不佳，向乘客大声说："我为什么要告诉你工号？"乘客心生不悦并进行了投诉。

1. 乘客投诉原因分析

（1）缺乏职业素养

缺乏职业素养是导致该事件发生的主要原因。该案例中的乘客服务人员在回答乘客问题时，没有目视乘客、礼貌对待，没有体现出一名服务人员应该具备的职业素养。

（2）缺乏得体的服务语言

乘客服务人员在回答乘客问题时不尊重乘客，没有使用“十字文明用语”，并使用反问句。

（3）缺乏控制情绪的能力

乘客服务人员作为一线窗口服务人员，没有树立正确的服务观，而是将个人情绪带到工作中。在回答乘客的问题时，不够耐心，未向乘客做好解释工作。

2. 投诉处理技巧

（1）服务需要有耐性，不厌其烦

在与乘客沟通的过程中，乘客服务人员要耐心听取乘客诉求，细致地做好解释回复。要使用“十字文明用语”，展现窗口岗位“用心服务”的形象。例如，在回复乘客时可以说：“您好！您可以在自动售票机上购票。如果您没有零钱，我可以帮您兑换零钱。”

同时，乘客服务人员也需要学会换位思考，明白自己在尊重他人的同时也会得到他人的尊重，明白彼此尊重是人与人之间交流和沟通的基础。

（2）尽量满足乘客合理需求

满足乘客合理需求是做好乘客服务工作的基础，应当落实在为乘客服务的每一个环节里。在本案例中，当乘客来到票亭询问时，售票员应该积极主动地答复乘客。售票员在回答乘客问题的同时，还应该采用手势指引告知乘客自动售票机的准确位置。这样的细节能够体现出乘客服务人员良好的服务态度、优良的服务形象，让乘客感受到企业“服务为本，乘客至上”的服务理念。

3. 改进措施与建议

（1）控制好自己的情绪

乘客服务人员在回答乘客问询时要善于控制自己情绪，不可失礼于人。在与乘客的沟通过程中，乘客服务人员要使用文明用语，严禁使用反问句或“我为什么要告诉你”等类服务忌语。

（2）增强服务意识，延伸走出票亭的服务

在本案例中，如果乘客因为不会使用自动售票机而来到票亭要求人工售票，售票员应主动走出票亭，指导乘客如何使用自动售票机，让乘客掌握操作要领，便于乘客下次购票时自己操作。

三、案例三

乘客甲、乙一同进站乘车。乘客甲刷卡进站后，因不了解票务政策，就把卡给了乘客乙，想让他刷同一张卡进站，但未能成功。当时，因客流量较多，票务员没有问清原因就直接对卡片进行了处理，使乘客乙也顺利进站，但后来他们却无法出站。出站处的乘客

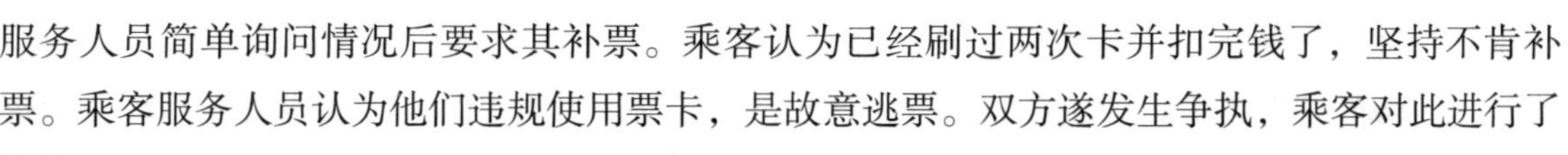

服务人员简单询问情况后要求其补票。乘客认为已经刷过两次卡并扣完钱了，坚持不肯补票。乘客服务人员认为他们违规使用票卡，是故意逃票。双方遂发生争执，乘客对此进行了投诉。

1. 乘客投诉原因分析

该案例中进站处乘客服务人员工作失误，帮助乘客更新车票时没有了解和确认原因，造成一票多人进站，给后来纠纷的发生埋下了种子。

乘客不清楚票务政策，认为已经刷过两次卡就是扣过两次钱，导致乘客和乘客服务人员发生争执。

出站处乘客服务人员主观臆断，未详细了解情况便认为是乘客故意逃票，导致乘客和乘客服务人员的纠纷升级。

2. 投诉处理技巧

发生问题后，乘客服务人员不能主观臆断，而应该礼貌地先了解原因。

乘客服务人员要就其他工作人员的工作失误向乘客致歉，并向乘客解释票务政策。在和乘客沟通过程中应保持耐心，并注意使用礼貌用语。

如果乘客同意补票，乘客服务人员应向乘客表示感谢，如说：“谢谢您的理解和配合。”

3. 改进措施与建议

乘客服务人员在处理乘客车票时，应加强工作的责任心。当乘客持票卡无法进站时，应先向乘客确认是否为一票多人进站。

四、案例四

一名乘客来到车站客服中心，说大概半小时以前售票员少找给他 50 元钱。售票员认为不存在这种情况，没有仔细询问情况就对乘客说：“我都售票这么长时间了，不可能出现少找给您钱的情况。”乘客很激动，指责售票员，并找值班站长投诉。

1. 乘客投诉原因分析

该案例中的售票员在售票过程中，没有严格按照售票作业程序售票，致使乘客怀疑售票员少找钱给他，这是导致该事件发生的主要原因。

当乘客回来说少找钱的时候，售票员没有认真做好乘客安抚工作，而是一口咬定自己没有少找钱，导致乘客情绪激动。

2. 投诉处理技巧

当乘客认为票款不符时，售票员应耐心向乘客解释，如说：“对不起，我们的票款是当面点清的。请您再确认一下您的票款是否正确，多谢。”

如果乘客坚持认为少找钱，售票员应先安抚乘客，平息乘客的情绪，然后提出解决方案，如上报车站控制室请求进行查账，以确定乘客反映的情况是否属实。

如果属实，售票员要向乘客道歉，并退还票款。如果不属实，售票员应该耐心地向乘客解释，做好安抚工作，如说："对不起，经查实，我们的票款没有差错，请您谅解。"如果乘客仍然为难售票员，售票员可以请求公安部门介入。

3. 改进措施与建议

售票员应该严格按照标准售票作业程序操作，并提醒乘客当面点清票款。

五、案例五

某日地铁客流高峰期，乘客非常多。一趟列车的车门即将关闭，提示音已响起。此时，一名乘客企图冲上车，但被一位站务员拦住了。当时站务员觉得很危险，拽了这名乘客一下，结果弄痛了乘客。于是这位乘客非常气愤，直接就骂了句粗话，并说："你以为你是谁啊？你凭什么拉我？弄伤了你负责？"站务员听了也很生气，回道："你没看见车门关上了呀？"双方遂发生争吵，乘客对此进行了投诉。

1. 乘客投诉原因分析

该案例中的乘客服务人员为了乘客的安全阻止乘客上车，出发点是对的。但乘客服务人员和乘客发生了直接的身体接触，使乘客可能受伤，这是导致该事件发生的主要原因。

在乘客怒气冲冲地抱怨时，乘客服务人员没有意识到自己的不当之处，不仅没有向乘客道歉，反而和乘客争吵了起来，使冲突升级。

2. 投诉处理技巧

乘客服务人员应当先向乘客表示歉意，如说："不好意思，刚刚弄痛您了……请原谅。"

平息乘客的怒气后，乘客服务人员要向乘客解释原因，善意地提醒乘客要注意乘车安全，并对乘客的配合表示感谢。

3. 改进措施与建议

在阻止乘客上车时，乘客服务人员应尽量避免和乘客发生直接触碰，减少纠纷。如果发生了直接触碰，乘客服务人员应先向乘客表示歉意。

如果有乘客说粗话骂人，乘客服务人员不应该给予直接反击，只能提醒乘客，否则只能使冲突升级。

思考与练习

1. 什么是乘客投诉？产生乘客投诉的原因主要有哪些？
2. 简述处理乘客投诉的基本原则。
3. 简述处理乘客投诉的常用技巧。
4. 案例分析

一名乘客到某地铁车站购票乘车。由于列车即将进站，乘客急急忙忙拿了找零的钱就往站台走，到了进站口才发现自己的车票不见了。乘客认为是刚才慌乱中忘记拿车票了，随即返回售票处向售票员反映。售票员认为是乘客自己把车票遗失了，不予理睬。乘客十分不满，双方发生争执，随后乘客进行了投诉。

问题：乘客和售票员争吵的主要原因是什么？售票员有哪些地方处理不当？售票员应如何做才能避免或减少乘客投诉？

第四章　城市轨道交通乘客服务礼仪

学习目标

❖ 了解城市轨道交通乘客服务礼仪的含义和作用。

❖ 掌握城市轨道交通乘客服务人员的基本服饰礼仪、仪容仪表礼仪、仪态礼仪、沟通礼仪，并能在工作中熟练应用。

❖ 了解城市轨道交通乘客服务礼仪中的各种常见禁忌。

❖ 掌握城市轨道交通乘客服务人员的规范服务用语。

城市轨道交通乘客服务礼仪是城市轨道交通从业人员必备的基本素质，学礼、知礼、用礼是城市轨道交通乘客服务人员为乘客提供优质服务的必要保证。城市轨道交通乘客服务礼仪主要包括服饰礼仪、仪容仪表礼仪、仪态礼仪、沟通礼仪等。

第一节　乘客服务礼仪概述

中国素有“礼仪之邦”的美誉，知礼、懂礼、重礼是中华民族的优良传统。城市轨道交通乘客服务礼仪是城市轨道交通从业人员必备的基本素质。出于对乘客的尊重与友好，乘客服务人员要注意仪容、仪表、仪态、语言等方面的规范，要热忱、发自内心地向乘客提供主动、优质的服务，从而展现自身良好的风度和素养。

一、城市轨道交通乘客服务礼仪的含义

礼仪是人们在社会交往活动中，为了相互尊重，在仪容、仪表、仪态、言谈举止等方面约定俗成、共同认可的行为规范。它是对礼节、礼貌、仪态的统称，是一个人内在素质和外在形象的具体体现。

城市轨道交通乘客服务礼仪主要是指城市轨道交通乘客服务人员在工作岗位上通过言谈举止对服务对象表示尊重和友好的行为规范。它是礼仪在城市轨道交通行业中的具体运用，是体现城市轨道交通乘客服务的具体过程和手段，它使无形的服务有形化、规范化。

二、城市轨道交通乘客服务礼仪的作用

良好的城市轨道交通乘客服务礼仪不仅能为城市轨道交通企业创造经济效益，帮助乘客服务人员提升自我水平，还能够发挥社会影响，创造社会效益，作用非常重要。

1. 对展示城市形象发挥窗口作用

城市轨道交通是一个城市的动脉，是城市发展水平的标志之一。城市轨道交通乘客服务人员在服务过程中时刻代表着城市的形象，乘客对乘客服务人员礼仪的评价直接影响乘客对城市的印象。良好的城市轨道交通乘客服务礼仪能够使社会更加文明、和谐。

2. 提升城市轨道交通企业整体形象

良好的企业形象可以使企业得到社会公众的信赖和支持，这是企业开展一切经营活动的基础，是企业建立各种公共关系的基础。人们对一个企业的认识，首先从该企业为服务对象提供的服务开始。因此，良好的城市轨道交通乘客服务礼仪可以提升城市轨道交通企业的整体形象。

3. 加强城市轨道交通企业吸引力与竞争力

城市轨道交通行业涉及的专业领域非常广泛，因此，企业需要引进大量高素质人才，以增强企业自身实力。良好的城市轨道交通乘客服务礼仪代表着企业的形象，既可以吸引更多的优质人才，也可以吸引更多的乘客选择城市轨道交通，从而为企业创造更多的经济效益，提升企业的竞争力。

4. 提高乘客服务人员的个人素质和服务质量

城市轨道交通乘客服务礼仪作为乘客服务人员的行为规范之一，可以推动乘客服务人员提高个人素质和服务质量，使其展现出个人美好的风采，有助于乘客服务人员实现个人发展。

第二节　乘客服务人员服饰礼仪

服饰是一种无声的礼仪，服饰的大方和整洁有一种无形的魅力。它能反映一个人的文化水平和个人修养。正如莎士比亚所说，服饰往往可以表现人格。一个人穿戴什么样的服饰，直接关系到别人对其个人形象的评价。服饰只有与穿戴者的气质、个性、身份、年龄、职业以及穿戴的环境、时间协调一致，才能达到美的效果。

一、服饰穿戴基本原则

服饰穿戴要遵循时间、地点、场合原则（即 TPO 原则），与外部环境相协调。时间（Time）原则即人们在着装时，必须考虑时间因素。时间既包括早晨、中午、晚上等阶段，

也包括春、夏、秋、冬四个季节，还包括不同的时代。服饰穿戴要做到随时间而更替。地点（Place）原则即结合特定的地点、环境配以相适应、相协调的服饰，以达到整体和谐感，实现人地融洽的最佳效果。场合（Occasion）原则即在选择服饰时，必须与特定的场合气氛相吻合。

服饰穿戴要与自己的社会角色相一致。人们要明白自己所扮演的角色是什么，再选择适合于这一角色的服饰来装扮自己。

要根据自身的特点选择服饰，借用服饰的特点扬长避短，充分美化自己。

二、男士着装礼仪

在公务与社交这两种正式场合，男士要表现出庄重、传统、典型的风格，而能体现这种风格的服装就是西服套装。

1. 男士场合着装要点

男士服装可分为礼服、工作服和休闲服。参加正式、隆重、严肃的典礼或仪式时，应当穿着礼服（或深色西服）、白色衬衫和正式的鞋子。各式外衣、牛仔裤等便装适合日常一般场合穿着。

2. 男士西服着装规范

在重要会议和会谈、庄重仪式及正式宴请等场合，男士一般以西服为正装。一套完整的西服包括上衣、衬衫、领带、西裤、腰带、袜子和皮鞋。

（1）整体要求

西服合体，熨烫平整，整洁挺括，如图 4–1 所示。男士穿着不求华丽、鲜艳，衣着不宜有过多的色彩变化，大致不要超过三种颜色。

图 4–1　合体平整、整洁挺括的西服

（2）衬衫

正装衬衫应为纯色，以浅色为主，白色最常用。衬衫领口应挺括、洁净，衬衫衣领应高于西服上衣衣领 1.5 厘米左右。抬臂时，衬衫袖口应长于上衣袖口 1.5 厘米左右；垂臂时，上衣袖口应长于衬衫袖口，以显示西服层次。

（3）领带

领带是西服的灵魂。在正式场合，男士要打领带。领带有单结、双结、温莎结等系法。领带长度以在皮带扣处为宜。

（4）纽扣

西服分为单排扣西服和双排扣西服。单排 3 粒扣西服应扣上方 2 粒或中间 1 粒纽扣，单排 2 粒扣西服应扣上方 1 粒纽扣，双排扣西服的纽扣应全部扣上。

（5）西裤

西裤长度以触到脚背为宜，裤线应熨烫好，裤扣应扣好，拉链应拉好。

（6）西服口袋

西服上衣和西裤后侧的口袋尽量不要放物品，名片、笔等轻薄物品可放在上衣左边内侧口袋。

（7）鞋袜

穿西服时应配黑色袜子、黑色皮鞋，鞋面应清洁光亮，袜筒不宜过短。

3. 西服穿着禁忌

西服穿着有八忌。一忌西裤过短，二忌衬衫放在西裤外面，三忌不扣衬衫扣，四忌抬臂时西服上衣袖口长于衬衫袖口，五忌西服衣袋、裤袋内鼓鼓囊囊，六忌领带太短，七忌西服上衣所有纽扣都扣上（双排扣西服除外），八忌西服配便鞋（如休闲鞋、球鞋、旅游鞋、凉鞋等）。错误的西服穿着方法如图 4–2 所示。

图 4–2　错误的西服穿着方法

知识窗

领带的五种打结方法

1. 平结

平结的打法如图 4–3 所示。平结是男士选用最多的领带结类型之一，适合各种材质的领带。打平结的要诀是，领带结下方所形成的凹洞须两边均匀且对称，这种凹洞一般只有真丝的领带才能打得出来。

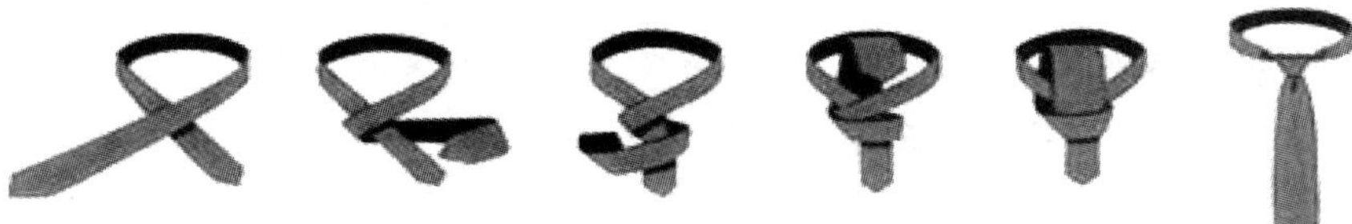

图 4–3　平结的打法

2. 交叉结

交叉结的打法如图 4–4 所示。交叉结是单色素雅且较薄领带适合选用的领带结，喜欢展现流行感的男士可以选用交叉结。

图 4–4　交叉结的打法

3. 双环结

双环结的打法如图 4–5 所示。一条质地细致的领带再搭配上双环结就能体现出时尚感，很适合年轻上班族选用。这种领带结的特色是，第一圈会稍露出于第二圈之外，不可刻意将其盖住。

图 4–5　双环结的打法

4. 双交叉结

双交叉结的打法如图 4–6 所示。双交叉结显得高雅而隆重，适合正式场合活动选用。这种领带结应多运用在素色的丝质领带上，搭配大翻领衬衫时有一种尊贵感。

图 4–6　双交叉结的打法

5. 温莎结

温莎结的打法如图 4–7 所示。温莎结适用于宽领型的衬衫，应多往横向发展，避免用于材质过厚的领带，领带结也勿打得过大。

图 4–7　温莎结的打法

三、女士着装礼仪

女士在穿衣上比男士有更大的空间和变化，在女士身上更能体现服饰美。

1. 女士职业装

女士职业装款式有职业套裙、职业套裤、分身半职业装、束腰职业装等。其中，职业套裙样式较多，如西服裙、一步裙、筒裙、A 字裙等。

职业套装应选择质地上乘的面料，上衣与裙子应使用同一种面料。

职业套裙的色彩应淡雅、庄重，不宜选择过于鲜亮、扎眼的色彩。套裙要与工作环境相协调，以浊色调、冷色为主，上下身颜色可一致，也可是两种不同的颜色。

2. 女士职业装鞋袜

穿职业套裙时不可以穿凉鞋、布鞋、旅游鞋，应穿肉色丝袜、正装船鞋。穿裤装时应配矮腰丝袜、船鞋。

3. 女士配饰

正式场合不可佩戴粗制滥造的饰物，而要佩戴质地、做工考究的饰物，同时，要避免佩戴发光、发声、艳丽、夸张的饰物。首饰、丝巾、胸花等配饰要具有整体美感。

4. 女性服饰禁忌

公共场合、办公室里应避免穿过于性感和暴露的服饰，此类服饰最好不要或少在社交场合穿戴。

薄纱型衣、裙、裤透光性较强，穿着时应尤为慎重，须有内衬，不然会显得十分不雅。对于外国朋友来说，“透”比“露”更难以让人接受，因为在他们看来，“透”不仅有碍观瞻，而且还说明穿着者不自爱。

袜子是女性腿部的时装，不应穿着跳丝、有洞或补过的丝袜外出。另外，袜子的大小、松紧要合适，不要走不了几步就往下掉，或显得一高一低。当众整理袜子有失体统。

四、穿着制服的注意事项

制服标志着穿着者的职业特色。它的设计充分考虑了穿着者从事的职业和身份，与环境相配，有一种美的内涵。很多企业都有自己的制服，制服可以衬托一个人。一件制服既可以展现一个人的职业形象和精神面貌，也可以展现企业的形象和精神面貌，还反映了企业的管理水平。穿上得体的制服不但使他人赏心悦目，而且也使穿着者有一种自豪感和责任感。

因此，职业人士在穿着制服的时候，要注重自己的仪容仪表，注意整洁，使自己的形象、举止符合制服应表现出的特点。

知识窗

制服与文化

2010 年上海世博会期间，世博园内 200 多个场馆中，每个场馆工作人员的制服无一雷同，每个场馆工作人员的制服都代表着各参展方不同的文化。

芬兰馆工作人员的制服与树有关。这套制服的上衣为一件棉麻质地的宽松白色衬衣，衬衣外面是一件印着不规则黑白色条纹的坎肩，搭配一条黑色腰带。这套衣服模拟的是冬天桦树外皮颜色。桦树是芬兰分布最广的树种，而当地漫长的冬天经常下雪，当桦树被雪覆盖时，其外表就呈现出像这种坎肩一样黑白相间的图案。芬兰森林密布，芬兰人对森林有非常深的感情，他们的很多生活都与树有关，因此这款制服最能代表这个国家。

韩国馆的工作人员大多为女性，她们的制服非常像航空公司的空姐制服，即一身套裙和一顶礼帽。但细细观察，能从中发现不少韩国特色。她们的整套衣服以白色和韩国传统色彩——天蓝色为主色调，因为天蓝色能体现优雅之美，并给人一种干练的感觉。整个设计中，最突出的是制服上刺绣的古代韩文。

挪威馆工作人员制服的设计灵感来源于挪威传统的高山皮风衣，因此其上衣相对宽松。这套制服颜色最为抢眼，上衣选用非常亮丽的“中国红”。因为挪威人非常喜欢冬季运动，而红色是滑雪服的主要颜色，同时红色是中国的象征，代表着幸福，让工作人员穿上“中国红”的制服也体现出挪威与中国对话的渴望。

德国馆工作人员的制服都是橘红色的夹克衫和裤子，腰间系一条可挂水壶的腰带。全套服装貌不惊人，但其质地却大有讲究。这套制服的面料选用一种特种涤纶纤维，既耐热又耐洗。更奇特的是这种纤维可以循环回收，重新作为纺织原料来使用，而不像其他纤维，废弃后只能充当廉价的填充物。

穿着制服时，不宜佩戴镶宝石的手镯、装饰戒指、胸针、脚链等装饰品。不得佩戴两枚以上直径超过 5 毫米的戒指。耳针的直径不得超过 3 毫米，不得有悬垂物。不能佩戴夸张饰物，最好佩戴一条素链。头上不得佩戴发圈和有颜色的发卡。

案例分析

小黄要去一家外企参加应聘总经理助理的最后一轮面试。为此，她进行了精心打扮。时尚的手环、造型独特的戒指、亮闪闪的项链、新潮的耳坠，小黄身上每一处都显得十分耀眼。而她的对手只是一个相貌平平的女孩，打扮得非常普通，学历也不比她高，所以小黄觉得胜券在握。但结果却出乎意料，她并没有被这家外企录用。主考官对她说："你确实很漂亮，你的服装配饰无不令我赏心悦目，可我觉得你并不适合干总经理助理这份工作，实在很抱歉。"

【分析】职业人士应该时刻注意自己的衣着和配饰，并分清场合，选择正确的搭配。在工作场合，配饰宜少不宜多，否则会给人一种张扬、零乱、不稳重的感觉。

五、乘客服务人员服饰要求

除了符合上述服饰穿戴的基本原则和一般要求外，乘客服务人员的服饰还应与城市轨道交通工作性质相协调。乘客服务人员的服饰要求见表 4–1。

表 4–1　乘客服务人员的服饰要求

分类	基本要求	常见错误
制服	（1）干净无褶皱 （2）领口、袖口要保持整洁干净，衬衫放在裤子里侧 （3）裤袋只限放入工作证等扁平物品或体积微小的操作工具，避免服装变形 （4）季节更替时，应按规定更换制服，不得擅自更换	（1）缺扣、立领 （2）在套装和衬衫的胸袋内放入钱包、硬币等物品 （3）卷袖、挽裤
鞋袜	（1）穿着制服时应按规定穿黑色或深色的皮鞋，鞋面保持干净，黑色皮鞋应配深色袜子 （2）女员工穿着裙子时，长袜颜色应选择与肌肤相贴近的自然色或暗色系中的浅色 （3）皮鞋应定期清洁，保持干净光亮	（1）穿极度磨损的鞋 （2）穿图案过多的袜子或浅色袜子
工号牌	（1）挂绳式工号牌照片和字面应朝向乘客，工号牌绳应放在制服外侧 （2）非挂绳式工号牌应佩戴在制服左上侧兜口的正上方位置，工号牌左下角应抵住兜口边缘，并保持水平 （3）佩戴党（团）徽时，应将党（团）徽佩戴于工号牌中上方	（1）工号牌上有装饰物 （2）工号牌损坏

第三节　乘客服务人员仪容仪表礼仪

仪容是指人的容貌，仪表是指人的外表。仪容仪表礼仪的关键是要做到符合“美”的要求。城市轨道交通乘客服务人员每天面对着成千上万的乘客，他们的仪容仪表往往就是呈现给乘客的第一印象，直接体现着城市轨道交通的形象。因此，乘客服务人员应在仪容仪表方面严格要求自己，提高服务水平。

一、仪容仪表要求

为了树立良好的服务形象，乘客服务人员要严格要求自己的仪容仪表，其基本要求见表 4–2。

表 4–2　　乘客服务人员仪容仪表基本要求

分类	基本要求	常见错误
发型	（1）整齐利落，清洁清爽 （2）发长过肩的女员工必须佩戴有发网的头饰，并将头发挽于发网内，且发网的最低位置不得低于衣领。头花应端正 （3）男员工要剪短发，做到“前发不附额，侧发不掩耳，后发不及领” （4）戴帽子时，应将刘海放入帽子内侧，帽徽应朝正前方，不得歪戴	（1）烫发染发过度夸张 （2）留怪异发型或漂染怪异发色 （3）女员工长发遮挡脸部 （4）男员工留长发，鬓角遮挡耳部
面容	（1）女员工应着淡妆，保持清洁的仪容，避免使用味道浓烈的化妆品 （2）男员工应保持面部洁净，不可留胡须 （3）适时保持亲切的笑容	（1）化浓妆或怪异妆 （2）工作时化妆 （3）使用味道浓烈的化妆品 （4）男员工留胡须
口腔	（1）保持牙齿、口腔清洁 （2）定期除掉牙齿上的色斑 （3）去除口腔异味	工作前食用葱、蒜、韭菜等带有刺激性气味的食物
指甲	（1）时刻保持指甲干净整齐，经常修剪 （2）只可涂肉色或透明色指甲油	（1）指甲过长 （2）使用指甲装饰品
配饰	（1）可以佩戴的配饰有：风格简约的手表、婚戒（戒指不可过宽）、一对耳钉（女员工） （2）佩戴使用纯色镜架和无色镜片的眼镜 （3）饰品应自然大方，不可过度夸张	（1）佩戴有色框架眼镜 （2）男员工佩戴耳部饰物

二、发型要求

乘客服务人员的发型要考虑对象、环境，还要考虑自身特点。要把握庄重、严肃、利落、大方的原则，还要严守本行业、本企业的特定要求。

1. 发部整洁

乘客服务人员要注意头发的养护、清洁、梳理，头发必须保持秀美、干净、清爽、卫生、整齐。头发清洁会给人留下干净卫生、神清气爽的印象，披头散发、蓬头垢面则给人萎靡不振甚至缺乏教养的感觉。因此，乘客服务人员无论在工作中还是在交际活动中，都要对头发勤于梳理、清洗，保持头发卫生清洁。

通常情况下，男性乘客服务人员每半月应理一次发，女性乘客服务人员可根据自己的具体情况理发。所有人员夏季应每隔 1 ~ 2 天洗一次头发。

2. 发型选择

选择发型除了考虑个人偏好外，最重要的是考虑个人条件和工作场合，体现和谐的整体美。面对乘客这一群体，在办公室办公、在站台巡岗的场合，发型的选择要以庄重、严肃、利落、大方为原则。

（1）男性乘客服务人员的发型选择

头发应长短适中，不宜过长。前发不过双眉，侧发不掩耳，后发不及衣领。不要留大鬓角，不要剃光头。不要过分追求时尚，更不要标新立异。刘海和鬓角不可过长，需要时要适当涂抹摩丝。

（2）女性乘客服务人员的发型选择

如果留长发，应束起并盘于脑后，保持两鬓光洁，耳际无发。刘海可卷可直，但必须保持在眉毛上方。

任何发型均应使用发胶或摩丝定型，不得有蓬乱的感觉。

（3）发型整理

发型应适合乘客服务人员的脸型、气质。

工作时要按照发型梳理头发，不得梳各种怪异发型，严禁漂染彩色头发，只允许染成自然的黑色。

3. 帽子与发饰要求

男性乘客服务人员帽檐应与眉毛保持水平，不露刘海。女性乘客服务人员的帽檐应在额头 1/2 处，不露出刘海，两侧耳际无发，发花与后侧帽子边沿相贴合，如图 4–8 所示。

头上不得佩戴发圈和彩色发卡，发饰只宜选择黑色且无花色图案的发卡。

图 4-8　帽子与发饰要求

知识窗

头发的护理

人的头发是一种有生命的纤维质。头发生长所需要的养分是通过发囊供给的，其鳞状表层就像树木的树叶一样，具有呼吸和吸收功能。洗发用品使用得当，就有利于头发；反之，就会损伤头发。

1. 护发用品的选择

（1）头油

头油也叫生发油，可以滋润毛发细胞，防止头发枯萎，保持发型。头发抹上头油后蓬松发亮，易于梳理。

（2）发乳

发乳有防止头发干燥，产生水分和光泽的作用。因为发根能分泌保护头发的油脂，所以，发乳的作用主要是针对发梢的。一般头发洗后待手捏不黏时，擦发乳最为适宜。头发太湿，擦上发乳后水分不易挥发；头发太干，擦上发乳又不太光亮。擦上发乳后，要用木梳反复梳理，发乳才会均匀地附着在头发上。

（3）发胶

发胶能保持发型的长久，但应少用为宜。

（4）洗发剂

洗发剂有清除头皮屑和污垢的作用，能有效地保护发质。

（5）护发剂

护发剂具有滋润和保护头发的作用。

（6）润发乳

润发乳可以补充头发的油分和水分，使头发看上去润泽光滑。

（7）美发水

美发水可有效地形成保护膜，防止头发受损。此外，它还有保持发型的作用。

2. 洗头的步骤和方法

（1）梳发

通过梳发可以梳掉头发表面的灰尘和头皮屑，同时把凌乱的头发理顺，以便清洗。

（2）预洗

用温水将头发完全浸透，然后以冲洗的方式冲掉头发表面的脏物。如果头发很脏，就需要多冲几次，以便发挥洗发剂的作用。

（3）首次洗发清洗

将洗发剂倒在手上，再均匀地抹在头上。注意用量不宜过多，要边抹边做环形按摩，以利其起泡，发挥效果。之后，一定要将头发彻底冲洗干净。

（4）二次洗发清洗

二次清洗时，洗发剂的用量只需首次的一半，要边抹边按摩，然后再次将头发彻底冲洗干净。

（5）护发清洗

先用毛巾吸去头发上的水分，然后将适量的护发剂以指尖抹于头发上，等待片刻，再用水清洗干净。

（6）擦干

擦干时，要用毛巾夹着头发，以吸收水分，但不能用力搓。也可用大毛巾将头发包裹起来，以便促进水分的吸收。

3. 护发的基本原则

（1）科学饮食

应多吃维生素和矿物质含量丰富并且脂肪含量低的食物。

（2）加强锻炼

情绪紧张是造成头发出现问题的主要原因之一，而规律、适宜的运动能消除紧张的情绪，从而保护头发。

（3）注意洗发方法

洗头时应用温水，太烫的水不仅洗不干净，而且会损伤头发。应当在头发完全打湿后再涂上洗发剂，用手指而不是手指甲从前向后在头皮上轻揉几分钟，然后用水彻底清洗。

（4）选择合适的洗发剂和护发剂

一般说来，油性头发宜用含柠檬成分的洗发剂，干性头发宜用含有蛋白质的洗发剂，中性头发可用普通洗发剂。此外，染过的头发可用椰子油保养，硬性的头发可用啤酒等保养。因头发是酸性的，而大多数的洗发剂为碱性，所以，头发洗净后要涂一些酸性护发剂，并在按摩头皮3分钟后洗净。

（5）正确梳理

头发湿时不要梳头，以免损伤头发。一般用光滑、齿间距较宽的梳子梳头，从发梢开始，逐渐移向头顶。要经常梳头，用梳子在头皮上来回轻划，可以起到按摩作用，并刺激头部神经末梢，通过大脑皮层调节头部的神经功能，从而促进血液循环，这对头发的生长大有益处。另外，与头发接触的用具（如梳子、刷子和卷筒等）都要做好清洁，避免与他人交叉使用。

（6）做好头皮清洁

为了保持头皮的清洁和健康，及时去掉头皮屑是非常有必要的。如果头皮屑情况严重，可考虑用药物控制。

三、化妆

化妆是一门艺术，需要参考职业、年龄、性格及五官特点等因素，掌握正确的化妆技巧，运用适宜的晕染方法来创造面部和谐得体的妆容效果。

化妆最好能在短时间内完成，利用自然美且能与制服相衬的化妆为最好。清洁、健康、与制服相衬的化妆更能得到乘客的好感。化妆的重点是创造自然、生动、高雅的气质。化妆品使用得当，可加强面部化妆效果。

1. 化妆的原则

（1）淡雅原则

淡雅原则就是要轻描淡画，不要涂厚厚的脂粉，给人一种假面具的感觉。工作时应化淡妆，化妆应以淡雅、清新、自然为宜。不要用气味浓烈的香水或化妆品，让人感到很刺鼻。总的来说，不要浓妆艳抹，要表现出自然大方、朴实无华的效果。

（2）简洁原则

简洁原则就是要化繁为简。不要画很重的眼线，让人感到很不自然。浓重的眼影和眼线、刺鼻的香水都是与工作不相符合的。

（3）认真原则

化妆时不可片面追求速度，敷衍了事，而是要采取一丝不苟的态度，有层次、有步骤地进行。化妆时，动作要轻稳，注意选择合适的色彩和亮度。

（4）避短原则

职业妆应适当展现自己的优点。避短就是将自己面部不太满意的部位通过化妆技巧进行弥补，达到美观、自然、和谐的效果。例如，如果面部皮肤比较粗糙、脸色不太健康或是有瑕疵，就需要用粉底调一调肤色，遮盖一下，使皮肤看上去较为细腻、润泽、健康。

（5）适宜原则

要根据自己的工作性质和场合来决定化什么样的妆。

2. 化妆的禁忌

（1）化离奇出众的创意妆

化工作妆时不能脱离自己的工作角色，不能追求怪异、神秘的妆容，使人感觉过于突出、另类。

（2）残妆示人

在工作中出汗之后、休息或用餐后容易出现脱妆。以残妆示人会给人懒散、邋遢之感，所以乘客服务人员要注意补妆。

（3）当众化妆

化妆属于个人隐私，原则是在家中完成化妆过程。需要临时补妆也应在洗手间或隐蔽处进行。

3. 化妆的基本步骤

（1）清洁皮肤

清洁皮肤的目的是将脸部的油污等污垢洗掉，以避免它们和化妆品混融在一起。最好选用洗面奶，轻轻揉搓面部，再用毛巾蘸干。上妆前要用棉球蘸取化妆水涂抹在面部，并轻轻地拍打，最后涂上护肤霜，起到保护皮肤的作用。

（2）打粉底

粉底要适合自己的肤色。用海绵或手指完成打底过程，注意面部与脖子的衔接，底妆要达到调整肤色、遮盖瑕疵、使皮肤光亮的效果。

（3）眼部化妆

眼部化妆以浅咖啡色、淡蓝色为宜，睫毛膏以黑色、深棕色为宜，画眼线时要贴着睫毛根部描画，淡妆眼线要稍细些。刷睫毛时要先用睫毛夹将睫毛夹翘，然后均匀涂抹睫毛膏，刷好的睫毛不宜粘连。妆后要注意检查自己的妆容是否完好，眼线、眼影是否脱落。

（4）画眉毛

眼部化妆不要忘记画眉毛。应先用眉笔顺着眉毛的生长方向进行描画，然后再用眉刷定型。最好用深棕色、浅棕色眉笔，切不可将眉毛画成一条重重的黑线。

（5）涂腮红

腮红应涂在微笑时面部的最高点，均匀晕染。皮肤白的人一般选用粉色，肤色较深的一般选用桃红色或珊瑚色。如果皮肤比较红润，腮红可以省略。

第四节　乘客服务人员仪态礼仪

仪态是指人在行为中体现出来的各种姿势、表情和风度，即通常所说的体态语。在工作中，城市轨道交通乘客服务人员通过表情、姿态等向乘客传递的信息内容远远超过了用语言所表达的内容。仪态作为一种无声的语言，在服务过程中被广泛运用。

一、表情礼仪

乘客服务人员的面部表情可以给乘客以最直接的感觉和情绪体验。当表情与语言、行为表示一致时，就会拉近乘客服务人员与乘客间的距离。因此，表情在人际交往的过程中起到了非常重要的作用。作为窗口行业的乘客服务人员，好的表情会给乘客带来好的心情，有助于双方进行良好的沟通。在构成表情的要素中，目光和微笑是至关重要的因素。

案例分析

某公司要招聘一名市场部经理，一位名校硕士的简历吸引了公司总经理。这位应聘者有相关理论著述，而且在两家单位任过职，有一定经验。于是，公司通知他三天后来公司面试。

结果呢？这位应聘者竟然没能通过面试。原来，主持面试的总经理发现他有个特点，就是不管什么时候都是紧锁双眉，不会微笑，显示出很沉闷的样子。总经理认为，这种人是典型的不善做沟通工作的人。而作为市场部经理，沟通本来就是重要的工作内容。

【分析】一个人的表情在人际交往特别是初次交往时非常重要。一位心理学家说过：“假如顾客的眼睛往下看，脸转向一边，就表示拒绝你了；假如他的嘴唇放松，笑容自然，下颌向前，可能会考虑你的建议；假如他对你的眼睛注视几秒钟，嘴角

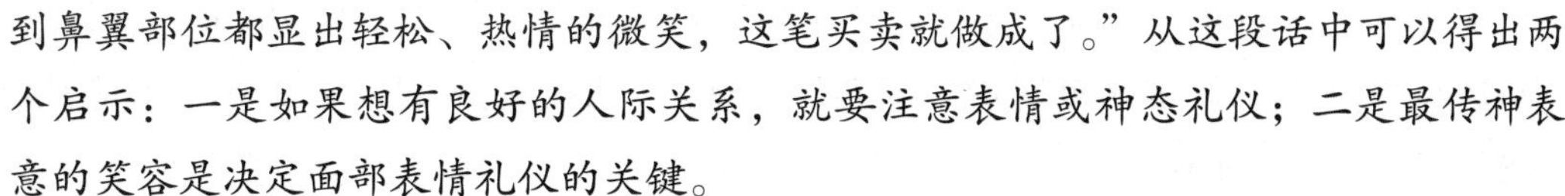
到鼻翼部位都显出轻松、热情的微笑，这笔买卖就做成了。”从这段话中可以得出两个启示：一是如果想有良好的人际关系，就要注意表情或神态礼仪；二是最传神表意的笑容是决定面部表情礼仪的关键。

1. 目光

（1）目光的凝视区域

凝视对方身体的不同位置，会产生不同的效果。在人际交往中，目光的凝视区域根据交往对象的不同，一般有以下三种：

1）社交凝视区域。这一区域为以双眼为上线，以唇心为下顶角的倒三角区，如图 4–9 所示。凝视这一区域能给人一种平等、轻松感，从而创造出一种良好的社交氛围。

2）亲密凝视区域。这一区域为双眼到胸部之间的区域，如图 4–10 所示。这是亲人、恋人、家庭成员之间使用的一种凝视区域，往往带着亲昵、爱恋的感情色彩。

3）公务凝视区域。这一区域为以双眼为底线，以额中为顶角所形成的三角区，如图 4–11 所示。凝视这一区域会显得严肃认真，使对方觉得自己有诚意，容易把握住谈话的主动权和控制权。

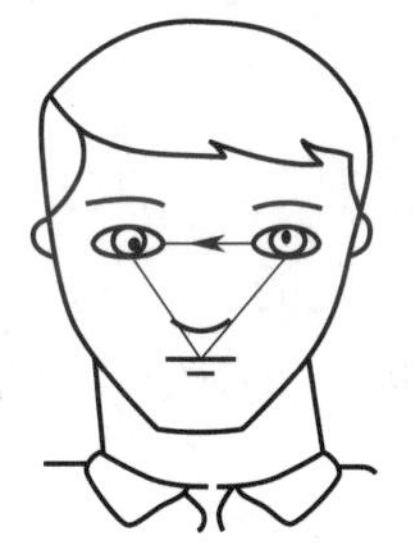
图 4–9　社交凝视区域

图 4–10　亲密凝视区域

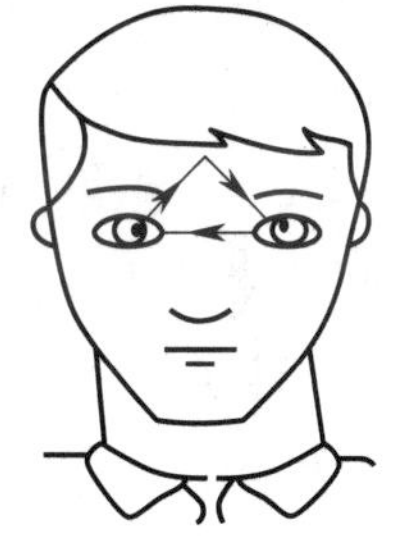
图 4–11　公务凝视区域

（2）目光的凝视时间

心理学研究表明，人们视线相互接触的时间通常占交谈时间的 30% ~ 60%。这一比例超过 60%，表示彼此对对方的兴趣大于交谈的内容；特殊情况下，表示对尊者或长者的尊敬。时长低于 30%，表示对对方或交谈的话题没什么兴趣，有时也是疲倦、乏力的表现。视线接触时，一般连续注视对方的时间最好在 3 秒以内。

在许多文化背景中，长时间的凝视、直视、侧面斜视或上下打量对方，都是失礼的行为。

（3）目光的凝视角度

凝视角度可以分为仰视、平视和俯视，分别对应着视线接触三区。其中，仰视角度对应上三角区（眼角至额头），常用于下级对上级的场合，表示敬畏、尊敬、期待和服从等，如图 4–12 所示。平视角度对应中三角区（眼角以下面部），表示理解、坦诚、平等、自信等，如图 4–13 所示。俯视角度对应下三角区（前胸，属于隐私区、亲密区，不能乱盯），表示爱护、宽容，如图 4–14 所示。

图 4–12　仰视

图 4–13　平视

图 4–14　俯视

（4）目光凝视的禁忌

1）左顾右盼。在交谈中经常左顾右盼（如经常看腕上的手表），表示对谈话三心二意，还容易伤害对方的自尊心。如果有急事想要结束谈话，可以用委婉的语言暗示对方，不要采取这种太直接的方式。

2）区域偏差。目光的注视区域不要出现偏差。在没有任何理由的情况下，尤其是在异性之间，要禁止注视对方的大腿、腹部、胸部、头顶等部位，这是极为失礼的。

3）斜视对方。斜视或者偷偷注视对方，容易使对方有被监视的感觉，也会使自己的形象大打折扣。

4）俯视对方。高高在上俯视对方，会使双方产生距离感。

5）躲避对方。不敢正视对方，躲避对方的眼神，这是没有自信的表现。要落落大方、光明磊落，敢于正视对方。

6）反复打量。上下反复打量对方，是一种怀疑、挑衅的表现，容易使对方产生怀疑或敌意。

7）取笑对方。对方出现尴尬时要回避，要将目光移开，否则对方会认为自己是在看他的笑话。但也不要将目光移开太快，否则对方会以为自己是在嘲笑他。

2. 微笑

微笑是日常生活和交际场合中常用的人际语言。它是众多笑容种类中最美的一种。微笑时，嘴角两端略向上抬起，目光平和。微笑应发自内心，同时心情应是平和而真诚的，不要缺乏诚意，强装笑脸，不要露出笑容随即收起，不要受情绪左右而笑，不要把微笑只留给上级、朋友等少数人。

案例分析

希尔顿是世界著名的经营之王。在他的第一家酒店经营稍有成效的时候，他的母亲对此却不屑一顾。她告诉希尔顿，要使经营真正得到发展，只需要掌握一种秘诀即可，这种秘诀简单易行，不花本钱却又行之长久。

希尔顿冥思苦想，终于领悟到，这个秘诀就是微笑。此后，“微笑服务”就成了希尔顿酒店经营的一大特色。

希尔顿酒店之所以成为当今世界的“酒店之王”，微笑服务不能不说是这辉煌大厦的一块奠基石。希尔顿酒店成功的秘诀说明了一个真理，那就是服务企业与顾客打交道，顾客得到的不只是有形的商品，还有无形的服务。这种服务既包括生理需求上的享受，也包括精神上、心理上的需求满足。能否最大限度地满足顾客的双重需求是服务企业形象优劣的关键。在激烈的竞争中，满足顾客生理需求的服务往往难分高下，而最能体现出差距的恰恰是对顾客精神需求的满足。这时，希尔顿酒店的微笑魅力就不可低估了。希尔顿说过：“微笑是属于顾客的阳光。”受阳光沐浴的顾客当然不会忘记温暖着他们的太阳。

【分析】微笑是阳光，是世界性的通用语言，是人际交往的润滑剂，是沟通的桥梁，是无本的投资。微笑是一个很简单的动作，似乎嘴唇微动便可完成；微笑又是一个复杂的动作，它需要面部肌肉的协调运动，需要眼睛散发和善友好的光彩，需要宽厚善良的内心配合。

微笑可以分为温馨的微笑、会心的微笑和灿烂的微笑。温馨的微笑是只牵动嘴角肌，两侧嘴角向上高于唇心，但不露牙齿。这种微笑适用于和陌生乘客打招呼。会心的微笑是嘴角肌、颧骨肌与其他笑肌同时运动，微微露齿，但要有眼神交流和致意的配合。这种微笑适用于表示肯定、感谢。灿烂的微笑是嘴角肌和颧骨肌同时运动，露出牙齿，一般以露出 6 ~ 8 颗牙齿为宜。这种微笑适用于交谈。

实践指南

微笑训练

1. 第一阶段——放松肌肉

放松嘴唇周围肌肉是微笑练习的第一个阶段，它是一种嘴唇肌肉放松运动，又名“哆来咪练习”，即从低音“哆”开始，到高音“哆”结束，每个音大声清楚地说三次。注意不是连着念，而是一个音节一个音节地发音。发音时应注意保持正确的嘴型。

2. 第二阶段——给嘴唇肌肉增加弹性

形成笑容时最重要的部位是嘴角。锻炼嘴唇周围的肌肉能使嘴角的动作变得更好看，也可以有效预防皱纹。如果嘴唇部位的动作显得干练、有生机，整体表情就会给人有弹性的感觉，显得更年轻。

练习时，可伸直背部，坐在镜子前面，反复练习最大限度地收缩或伸张嘴唇周围的肌肉。

3. 第三阶段——形成微笑

这是在放松的状态下，根据嘴部大小练习笑容的过程，练习的关键是使嘴角两边上升的高度一致，如图 4–15 所示。如果嘴角歪斜，表情就不好看。练习各种笑容的过程中，练习者会发现最适合自己的微笑。

4. 第四阶段——保持微笑

一旦发现满意的微笑，就要至少保持该表情 30 秒。尤其是没有微笑习惯的人，如果重点进行这一阶段的练习，就可以获得很好的效果。

5. 第五阶段——修正微笑

如果训练后笑容还是不太完美，就要进一步修正。但如果能自信、敞开地笑，也是可行的。

6. 第六阶段——修饰有魅力的微笑

伸直背部和胸部，用正确的姿势在镜子前面边敞开笑，边修饰自己的微笑。

图 4–15　形成微笑

二、站姿礼仪

站姿是指人在停止行动之后，直立身体、双脚着地的姿势。它是一种静态的身体造型，

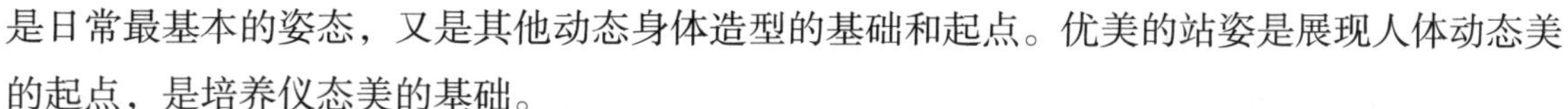

是日常最基本的姿态，又是其他动态身体造型的基础和起点。优美的站姿是展现人体动态美的起点，是培养仪态美的基础。

1. 站姿要领

站立时，身体要端正，身姿挺拔，体态优美，端庄典雅。

站立时，应抬头，脖颈挺直，双目平视，嘴唇微闭，下颌微收，面带微笑，平和自然，双肩放松，气沉丹田。双臂自然下垂，贴于体侧或身体前后。两腿并拢，两脚跟靠拢，脚尖分开。女士脚尖呈 45 度角，男士脚尖呈 45 度至 60 度角，呈 V 字形或丁字形，身体重心位于两脚正中。

站立时，脊柱和后背应挺直，臀大肌、腹肌收紧，胸部略向前上方挺起。

2. 工作中不同的站姿

不同的工作岗位对站姿有不同的要求，但任何一种站姿都是基于基础站姿而变化的，乘客服务人员在实际工作中可选择合适的站姿来为乘客服务。工作中常见的站姿有以下几种：

（1）双臂侧放式站姿

两腿两膝并拢，挺直。两脚跟靠拢，脚尖分开。女士脚尖呈 45 度角，男士脚尖呈 45 度至 60 度角，一般以能放入一拳为宜。双臂自然下垂，虎口向前，手指自然弯曲，如图 4–16 所示。

（2）腹前握指式站姿

两腿两膝并拢，挺直。两脚跟靠拢，脚尖分开。女士脚尖呈 45 度角，男士脚尖呈 45 度至 60 度角，一般以能放入一拳为宜。左手在下，右手在上，自然交叉叠放于小腹前。女士双手交叉握于手指部位，男士握于手背部位，两臂略向前张，如图 4–17 所示。

图 4–16　双臂侧放式站姿

图 4–17　腹前握指式站姿

（3）背后握指式站姿

两腿两膝并拢，挺直。两脚跟靠拢，脚尖分开。女士脚尖呈45度角，男士脚尖呈45度至60度角，一般以能放入一拳为宜。两臂后背，右手自然握住左手放于尾骨处。女士双手交叉握于手指部位，男士握于手背部位。两臂肘关节自然微收，如图4–18所示。

（4）丁字步腹前握指式站姿（女士）

在基本站姿的基础上，左脚后撤，使右脚脚跟内侧靠于左脚足弓处。两腿两膝并拢，挺直。双手在腹前交叉，右手握住左手的手指部位。身体重心可放在两脚上，也可放在一只脚上，可通过两脚重心的转移缓解疲劳，如图4–19所示。

（5）丁字步背后握指式站姿（女士）

在基本站姿的基础上，右脚后撤，使左脚脚跟内侧靠于右脚足弓处。两腿两膝并拢，挺直。两臂后背，右手握住左手的手指部位自然放于尾骨处，两臂肘关节自然内收，如图4–20所示。

图4–18　背后握指式站姿

图4–19　丁字步腹前握指式站姿

图4–20　丁字步背后握指式站姿

（6）两脚平行腹前握指式站姿（男士）

两脚分开，与肩同宽，两脚脚尖平行。右手握住左手手背，自然交叉叠放于小腹前，两臂略向前张，如图4–21所示。

（7）两脚平行背后握指式站姿（男士）

两脚分开，与肩同宽，两脚脚尖平行。两臂后背，右手握住左手手背，自然放于尾骨处，两臂肘关节自然内收，如图4–22所示。

图 4-21　两脚平行腹前握指式站姿

图 4-22　两脚平行背后握指式站姿

3. 站姿禁忌

在与乘客进行交流时，乘客服务人员要尽量注意身体各部位的情况，避免出现不良的站姿。常见的站姿禁忌有以下几种：

一是在站立的过程中，一条腿抖动或整个上体晃动。这种站姿会让人觉得自己是一个漫不经心的人。

二是双手抱臂或交叉抱于胸前。这种站姿往往表示消极、抗议、防御等。

三是双手叉腰站立。这是一种潜意识中带有挑衅或者侵犯意味的站姿。

四是两腿交叉站立。这种站姿很容易给人以轻佻的感觉。

实践指南

站 姿 训 练

1. 背靠背站立训练

两人一组，要求两人腿跟、小腿、臀、双肩、脑后枕部相互紧贴，如图 4–23 所示。

2. 顶书训练

在头顶上平放一本书，保持书的平衡，以检测是否做到头正、颈直，如图 4–24 所示。

3. 背靠墙训练

这种方法要求头、背、臀均紧挨着墙，如图 4–25 所示。

图 4-23　背靠背站立训练

图 4-24　顶书训练

图 4-25　背靠墙训练

三、坐姿礼仪

坐姿是臀部置于椅子、凳子、沙发等物体之上，单脚或双脚放着地上的姿势。它是一种静态的仪态造型，是常见的姿势之一。文雅端庄的坐姿是展示气质与修养的重要形式，能体现一个人的内涵。

1. 坐姿的基本要求

入座时要轻稳，避免发出过大声响。先走到座位前，缓慢转身，然后右脚向后退半步，轻稳坐下。女士入座时，要将裙子后边用手向前拢一下，再把右脚与左脚并齐。女士坐下后，上身应保持挺直，坐正，双肩平正。两臂自然弯曲，双手叠放在大腿中部，并靠近小腹。双膝并拢，小腿垂直于地面，两脚跟并拢。

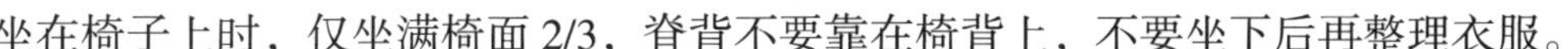

坐在椅子上时，仅坐满椅面 2/3，脊背不要靠在椅背上，不要坐下后再整理衣服。

2. 女士常见坐姿

（1）正坐式坐姿

正坐式坐姿又称正襟危坐式坐姿，是最基本的坐姿，适用于最正规的场合，如图 4–26 所示。它要求双腿并拢，上身挺直落座，两脚两膝并拢，双手搭放在双腿上至大腿部的 1/2 处。上身和大腿、大腿和小腿都应呈直角，小腿垂直于地面，双膝、双脚（包括双脚脚跟）都要完全并拢。女士若是着裙装，入座时应先用手将裙摆稍稍拢一下，然后坐下。

（2）开关式坐姿

开关式坐姿如图 4–27 所示，要求上身挺直，大腿并紧，一脚在前，一脚在后，前脚全脚着地，后脚脚掌着地，双脚内侧前后保持在一条直线上。

（3）双腿斜放式坐姿

双腿斜放式坐姿如图 4–28 所示，适用于穿裙子的女士在较低处就座。它要求双膝先并拢，然后双脚向左或向右斜放，力求使斜放后的腿部与地面呈 45 度角。

图 4–26　正坐式坐姿

图 4–27　开关式坐姿

图 4–28　双腿斜放式坐姿

（4）双腿叠放式坐姿

双腿叠放式坐姿如图 4–29 所示，适合穿短裙子的女士（或身份地位较高的女士）采用，造型极为优雅，有一种大方高贵之感。它要求将双腿一上一下完全交叠在一起，交叠后的两腿之间没有任何缝隙，犹如一条直线。双腿斜放于左右一侧，斜放后的腿部与地面呈 45 度角，叠放在上的脚尖指向地面，不可对着他人。

（5）双脚交叉式坐姿

双脚交叉式坐姿如图 4–30 所示，适用于各种场合。它要求双膝先并拢，然后双脚在踝部交叉。交叉后的双脚可以内收，也可以斜放，但不宜向前方远远直伸出去。

（6）前伸后屈式坐姿

前伸后屈式坐姿如图 4–31 所示，是女士适用的一种优美坐姿。它要求大腿并紧之后，向前伸出一条腿，将另一条腿屈后，两脚脚掌着地，双脚内侧前后要保持在一条直线上。

图 4–29　双腿叠放式坐姿

图 4–30　双脚交叉式坐姿

图 4–31　前伸后屈式坐姿

3. 男士常见坐姿

（1）正坐式坐姿

正坐式坐姿如图 4–32 所示。男士入座后，上身保持挺直，坐正，双肩平正，双腿自然弯曲，双膝略分开约 10 厘米，两脚自然分开，与肩同宽。小腿垂直于地面，双手放在大腿上。

（2）大腿叠放式坐姿

大腿叠放式坐姿如图 4–33 所示，多适用于男士在非正式场合采用。它要求两腿在大腿部分叠放在一起。叠放之后位于下方的一条腿垂直于地面，位于上方的另一条腿的小腿则向内收。

图 4–32　正坐式坐姿

图 4–33　大腿叠放式坐姿

4. 坐姿禁忌

坐姿是人际交往过程中持续时间较长的一种姿态，如果出现以下坐姿禁忌，会给对方留下不好的印象。

（1）脚尖触及地面

就坐后，通常不允许仅以脚尖触地，而应将脚尖跷起。

（2）随意架腿

就坐后，可将腿架起，但要注意方法。正确的方法应当是两条大腿相架，并且不留空隙。不可把一条小腿架在另外一条大腿上，并且留有很大空隙。

（3）腿部抖动摇晃

在别人面前就座时，切勿反复抖动或摇晃腿部，以免令人心烦意乱，或者给人以不够安稳的感觉。

（4）双腿直伸出去

就坐后，不要把双腿直挺地伸向前方。这样不但损害坐姿的美感，而且会有碍于人。如果身前有桌子的话，则要防止把双腿伸到桌子外面。

（5）腿部高跷

不能够为了贪图舒适，将腿部高高跷起，架在身边的桌椅上，或者盘在自己所坐的座椅上。

（6）脚尖指向他人

就坐后，一定要避免自己的脚尖直指别人，跷腿时尤其忌讳这一动作。将脚尖垂向地面，或斜向左右两侧，才是得体的动作。

（7）双腿过度叉开

面对别人时双腿过度叉开是极不文明的。不管是过度叉开大腿还是过度叉开小腿，都是失礼的表现。

实践指南

坐 姿 训 练

加强腰部、肩部的力量（如支撑力）的训练，进行舒展肩部的动作练习，同时利用器械进行腰部力量的训练。

按照动作要领体会不同坐姿，经常性地纠正和调整不良习惯。

每种坐姿训练持续 10 分钟，加强腰部支撑力。

四、行走礼仪

行走礼仪包括走姿礼仪和行走次序礼仪等内容。

1. 走姿的基本要求

走姿是站姿的延续，是展现人的动态美的重要形式，如图 4–34 所示。

图 4–34　走姿

规范的走姿首先要以端正的站姿为基础。

行走时，双肩应平稳，以肩关节为轴，双臂前后自然摆动。上身挺直，头正，挺胸，收腹，立腰，重心稍向前倾。

应注意步位。脚尖略张开，起步时，身体微向前倾，两脚内侧落地。不要将重心放在后脚，在前脚着地和后脚离地时要伸直膝部。

步幅要适当。一般前脚脚跟与后脚脚尖间距为脚长左右距离。要步伐稳健，步履自然，有节奏感，保持一定的速度。但因性别、身高、服饰不同，步幅的大小也有一定的差异。一般情况下，每分钟行走 110 步。当然，这还取决于工作的场合和岗位。走姿整体上要给人以步态轻盈敏捷、有节奏的感觉。

2. 行走次序礼仪

行走次序是人际关系的重要体现，要做到长幼有序、男女有别，不可忽视。行走次序的一般性原则有以下几条：

以右为尊、右边大、左边小为原则。

男女二人同行时，以男左女右为原则。

三人同行时，如全为男士，则以中间位为尊，右边次之；如一男二女同行，则男士应在最左侧的位置；如二男一女同行，则应让女士居中。

多人同行时，以最前面者为大，依前后顺序，越后者越小。

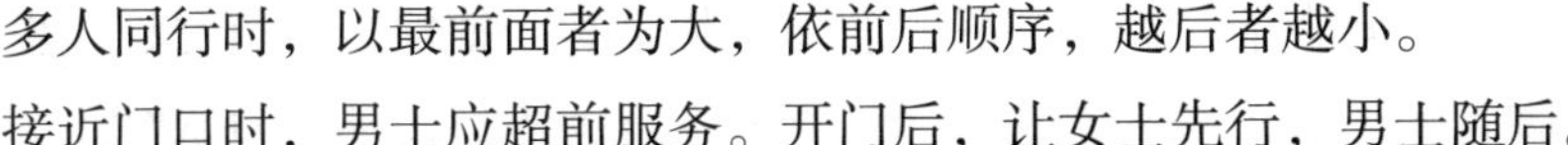

接近门口时，男士应超前服务。开门后，让女士先行，男士随后。

3. 走姿禁忌

乘客服务人员在工作时要避免如下不良走姿：

一是走路“内八字”或“外八字”。

二是横冲直撞，步伐过快、过重。

三是姿态消极，不抬脚蹭着地走，耷拉眼皮或低着头走。

四是不守秩序，抢行或妨碍他人。

五是姿态不雅，如手插口袋、双臂相抱、倒背双手等。

实践指南

走姿训练

1. 直线行走训练

沿着所画直线或地面砖直线缝隙进行直线行走练习。

2. 顶书训练

以立正姿势站好，出左脚时，脚跟先着地，落于离直线5厘米处。然后迅速过渡到脚尖，脚尖稍向外。右脚动作同左脚。注意立腰、挺胸、展肩。

五、蹲姿礼仪

蹲姿是由站姿转换为两腿弯曲，身体高度下降的姿势。蹲姿礼仪主要应用于乘客服务人员帮乘客捡拾物品的场合。

1. 蹲姿的基本要求

站在所取物品的旁边，一脚前，一脚后，弯曲双膝，不要低头，用双脚支撑身体。蹲下时要保持上身挺拔，体态自然。

2. 常见蹲姿

（1）高低式蹲姿

高低式蹲姿如图4–35所示，其特征是下蹲时右脚在前，左脚在后，两腿靠紧向下蹲。右脚全脚着地，小腿基本垂直于地面。左脚脚跟提起，脚掌着地。左膝低于右膝，左膝内侧靠于右腿小腿内侧，形成右膝高左膝低的姿态。臀部向下，基本上以左腿支撑身体。

（2）交叉式蹲姿

交叉式蹲姿如图4–36所示，仅限于女士采用。例如，集体合影前排需要蹲下时，女士可采用交叉式蹲姿。下蹲时右脚在前，左脚在后，右腿小腿垂直于地面，全脚着地。左膝从右腿后面伸向右侧，左脚脚跟抬起，脚掌着地。两腿靠紧，合力支撑身体。臀部向下，上身稍向前倾。

图 4–35 高低式蹲姿

图 4–36 交叉式蹲姿

3. 蹲姿禁忌

常见蹲姿禁忌有：行进时突然下蹲，背对他人或正对他人蹲下，女士身穿裙装时毫无遮掩地下蹲，正常工作中采取蹲姿休息。

实践指南

蹲 姿 训 练

加强脚踝、膝盖等关节的柔韧性，练习提腿、压腿、活动关节等动作。

进行蹲姿控制练习，要有意识地控制平衡，保持蹲姿，形成好习惯。

第五节 乘客服务人员沟通礼仪

无论在生活还是工作中，人与人之间的沟通都无处不在。城市轨道交通乘客服务人员需要通过沟通来准确了解乘客需求，表达自我想法，解答乘客疑问。在这一过程中，乘客服务人员必须掌握正确、规范的沟通礼仪，运用一定的沟通技巧，才能达到服务的目标。

语言是最重要的一种沟通工具。乘客服务人员对语言了解程度的深浅，以及语言艺术

水平和语言使用技巧的高低，将直接影响其服务水平。

一、见面时的沟通礼仪

见面礼仪是日常社交礼仪中最常用、最基础的礼仪，人与人之间的交往都要用到见面礼仪。乘客服务人员掌握一些见面沟通礼仪，能给乘客留下良好的第一印象，为以后顺利开展工作打下基础。见面时的沟通礼仪包括称呼、问候和应答等几类。

1. 称呼礼仪

适当得体的称呼，会让对方觉得自己彬彬有礼，很有教养。它可以使互不相识的人乐于相交，使熟人更加增进友谊。对于乘客服务人员而言，更要学会正确地称呼乘客。称呼乘客时，态度要热情、谦恭，称呼用语要恰当、亲切。

（1）敬称

敬称如“您”等，多用于尊长、同辈。但乘客服务人员对所有成年乘客均应使用敬称，以示对乘客的尊重。

（2）亲属称谓

为了表示亲切，拉近距离，有时与非亲属人员进行沟通也可以采用亲属称谓，它通常在非正式交际场合使用。在为特殊乘客提供服务时，乘客服务人员可以使用这类称谓，如大哥、大姐、大伯、大妈、大叔、爷爷、奶奶等。不过，称呼时要注意对方的年龄，不要把乘客叫老了。

（3）职业称谓

职业称谓用于较正式的场合，带有尊重对方职业和劳动的意思，如师傅、大夫、医生、老师等，可以冠之以姓。

（4）职务（职称）称谓

职务（职称）称谓是对干部、专业技术人员等的称谓，如书记、经理、主任、主席、教授、工程师等。对公务员在各种交际场合都应该采用职务称谓。采用职务（职称）称谓时可在前面加上姓名，如对总经理一般在前面加姓，称“×总”。

（5）姓名称谓

在正式场合，一般称呼比较熟悉的同辈人为“老”加姓（如老王、老张）。对老年男性干部、知识分子等可称呼姓加“老”（如李老），长辈对晚辈可称呼“小”加姓（如小田）。

（6）统称

男性称“先生”，女性称“女士”“小姐”，是当今社会最为流行的称呼，乘客服务人员在工作中也可以使用。

案例分析

王欢是一名应届毕业生。有一天，她接到了一个应聘地铁客服的面试通知。由于极度渴望这份工作，她在考官面前显得太过紧张，有些发挥失常了。就在她从考官眼中看出拒绝的意思而心灰意懒时，一位中年男士走进了办公室，和考官耳语了几句。在这位男士离开时，她听到人事主管小声说了句“经理慢走”。王欢灵光一闪，赶忙起身，毕恭毕敬地对这位男士说：“经理您好，您慢走！”这时，她看到了这位经理眼中些许的诧异，然后他笑着对自己点了点头。

第二天，王欢接到了录用通知，她顺利地进入了客服部。后来主管告诉她，本来根据她那天的表现，是打算淘汰她的。但就是因为她对经理那句礼貌的称呼，让人事部门觉得她对地铁客服工作还是能够胜任的，所以对她的印象有所改观，给了她这份工作。

【分析】王欢因为一个恰当的称呼，在面试中转危为安，幸运地得到了一份工作，由此可见称呼在职场中的重要性。在日常交际中，称呼礼仪是打开交际之门的金钥匙，合理的称呼是给交际双方的见面礼，使对方有被重视和尊敬的感觉，可以为之后的交谈提供良好的铺垫。作为职场人士，必须懂得称呼礼仪。在与别人的交谈中，要根据对方的年龄、身份、职业等具体情况以及交往中所处的场合、双方关系的亲密程度等来决定对对方的称呼。得体的称呼才能体现员工的个人修养，展现员工的礼仪形象。

2. 问候礼仪

问候是见面时最先向对方传递的信息，如果能够迅速、积极地表达自己的诚意和心意，就可以在最初接触时给乘客留下一个好印象。

（1）问候要积极主动

一般来说，先打招呼的人会在后面的谈话交流中掌握主动。即使是乘客先打招呼了，乘客服务人员也一定要立即回应问候乘客。

（2）声音要清晰、洪亮且柔和

尤其是早晨、午后、傍晚时分，乘客尚未完全兴奋时，大声的问候会使乘客感动振奋，有利于活跃沟通气氛。

（3）问候时要注意正确的仪态

问候时要注视乘客的眼睛，点头致意。当问候重要乘客时，需要向乘客鞠躬，上身倾斜角度为 15 度。

3. 应答礼仪

应答礼仪是乘客服务人员在工作中回答乘客询问或回应乘客招呼时所表现出的礼仪行为。使用应答礼仪时应该注意以下几种情形：

一是应答乘客询问时，要思想集中，全神贯注地聆听，不能目视别处，心不在焉，或说话有气无力。

二是应答乘客询问时，应语言简洁、准确，语气委婉，声音大小适中，不能声音过大，或词不达意。

三是如果乘客讲话含混不清或语速过快，可以委婉地请乘客复述，不能听之任之，凭主观臆想，随意回答。

四是回答多位乘客询问时，应从容不迫，按先后次序或问题的轻重缓急一一回答。不能只顾一位乘客而冷落了其他乘客。

五是对于乘客提出的无理要求要沉得住气，或婉言拒绝，或委婉回答："可能不会吧！""很抱歉，我确实无法满足您的这种要求。"这样表现得有教养、有风度、不失礼。

二、文明规范的服务语言

1. 敬语

敬语是指对对方表示尊敬的语言。敬语一般运用在比较正规的社交场合，与师长或身份、地位较高的人交谈的场合，与人初次打交道或会见不太熟悉的人的场合，以及会议、谈判等公务场合等。常用的敬语有"您""请""劳驾""贵公司""谢谢""再见"等。

2. 赞美语

由衷的赞美是真诚、发自内心的对别人的欣赏，并把这种欣赏回馈给对方。赞美的语言可以实现人际交往中的良好互动，是拉近彼此距离，增进人与人之间互相关爱的表现。赞美同时也是一种有效的交往技巧，渴望得到别人的认可和赞美是人的天性，因此，乘客服务人员应学习并合理使用赞美语。

（1）常用的赞美语

常用的赞美语有"真棒""太好了""非常出色""您眼光真好""太漂亮了""您说得真对"等。

（2）使用赞美语的原则

1）表达要真诚。发自内心的真实情感体验不会给人虚情假意、牵强的感觉，使用赞美语时不要言不由衷。

2）用词要恰当。恰到好处的赞美，一两句就可以起到良好效果。表达时要注意观察对方的状态，注重对方的心理感受。

3. 委婉语与致歉语

委婉语是用来表达不宜直言的人或事物的语言，常常用于一些正规的场合以及一些有长辈或女性在场的情况，用来替代那些比较随便甚至粗俗的话语。例如：想要上厕所时，宜说“对不起，我去一下洗手间”；让对方等候时，要说“请稍等”。

致歉语是在麻烦、打扰、妨碍了别人时，及时向对方表示道歉的语言。常用的致歉语有“对不起”“非常抱歉”“请原谅”“不好意思”等。在工作中要规范使用致歉语，及时道歉，得体大方。

三、服务用语禁忌

常见服务用语禁忌有，向对方说“不清楚”“不知道”“不行”“不对”“这事不归我管”“等会儿，我现在没空”等。

四、沟通技巧

乘客服务人员与乘客沟通时，应当体现出以诚相待、以礼相待、谦虚谨慎、主动热情的态度，切不可逢场作戏、虚情假意、敷衍了事、油腔滑调。沟通是乘客服务人员与乘客交流不可缺少的内容，也是一门语言的艺术。沟通要建立在尊重、真诚的基础上。乘客服务人员要学习并掌握与乘客沟通的技巧，创造和谐的关系，以便与乘客进行愉快的交流，使乘客增进对企业的了解，自觉配合乘客服务人员的工作。

1. 看的技巧

要学会察言观色，寻找乘客情绪高、心情好、有兴致的时机与其进行沟通，愉快交流。

要把握好看的距离。当乘客进入自己的工作范围或与乘客对视时，要有相应表情。要正面对视乘客而不要斜视乘客。对于经常乘车、比较熟悉的乘客，要将目光凝视于双眼与唇心之间的倒三角区域，这样对方会觉得更加亲切；对于陌生的乘客，要将目光凝视于双肩与额头之间的大三角区域，这样才不会给乘客压力。

2. 听的技巧

倾听是尊重对方的表现，可获得对方好感，同时也体现了自己的修养。要善于倾听乘客的话语。在人际交流中，成功的秘诀是多听，往往善于倾听的人容易被理解。

积极的倾听不能只把自己放在“听众”的位置上。在交谈过程中，要有适时的语言表达，如“嗯”“好”“您别生气”，并有必要再表明一下自己的观点和态度。

3. 说的技巧

说的技巧包括语速、语气、语调、音量及文明用语的合理使用。说的目的是希望别人接受自己的意见，进一步影响对方，从而获得他人的了解和认同。

工作中毫无顾忌地大声喧哗、制造噪声是缺乏修养的表现，必须避免这种行为。

要保持适当的语速。在与乘客沟通的过程中，语速不能过快。说话的速度过快，乘客会认为是着急把他打发走，或者不耐烦。而且，乘客可能听不清乘客服务人员在说什么。

在问候乘客时要用升调，音量要根据不同地点进行合理调控。

语调要明朗、低沉和愉快，这种语调最吸引人，所以语调偏高的人应设法练习变为较低的语调，才能说出迷人的声音。

要做到吐字清晰、层次分明。发音要标准，语句之间要层次分明。

要懂得在适当时候停顿。停顿不要太长，也不要太短。停顿有时会引起对方的好奇或逼对方早下决定。

音量的大小要适中。音量太大，会给乘客造成太大的压迫感，使人反感；音量太小，则显得自己信心不足，说服力不强。

说话时要注意面部表情配合。每一个字、每一句话都有它的意义，要懂得在恰当的时候配上恰当的面部表情。

4. 问的技巧

与乘客交流时，如果提问的时机不当，很可能会使沟通中断，或者达不到最终的目的，同时还可能会引起对方的反感，所以提问时一定要谨慎小心。

要理解对方的谈话，要设身处地地为对方着想。

提问时要合理使用征询式用语。常见的征询式用语有："请问""劳驾""您还有其他事情吗？""您别着急，请您慢点说""需要为您做什么吗？"等。

思考与练习

1. 简述城市轨道交通乘客服务礼仪的作用。
2. 城市轨道交通乘客服务人员的服饰要求有哪些？
3. 简述化妆的原则和禁忌。
4. 工作中常见的女士站姿有哪几种？
5. 男士常见坐姿有哪几种？
6. 文明规范的服务语言分为哪几类？试举例说明。

第五章　城市轨道交通乘客服务心理

学习目标

- ❖ 了解人的心理过程和个性心理。
- ❖ 能够分析不同乘客的心理并提供针对性的服务。
- ❖ 能够科学合理地提高自身心理修养。

城市轨道交通乘客服务人员应当把握乘客心理活动规律，并提高自身心理素质，这是提高服务质量不可分割的两个方面。只有了解乘客的心理活动规律和个性心理特征，才能把握住乘客的心理动态，更好地做好服务工作；乘客服务人员只有拥有良好的心理素质，才能形成正确、健康的心态，恰当地为乘客提供安全、快捷、周到的服务，展示乘客服务人员美好的形象。

第一节　心理活动基础知识

心理是指人的心理现象及活动的规律。心理活动是大脑反映客观世界的过程。人的心理活动包括认知活动、情绪情感活动与意志活动三个方面，它们不是彼此独立的三种心理活动，而是统一的心理活动过程中三个既有联系又有区别的方面。

一、心理研究的发展

人们对心理的研究早在公元前 4 世纪就已出现，古希腊哲学家亚里士多德在其专著《论灵魂》中就已探讨了人类的心理现象。但在很长的时间里，这种研究一直被包含在哲学之中。直到 1879 年，受自然科学的影响，德国哲学家威廉・冯特在莱比锡大学建立了世界上第一个心理实验室，把自然科学中所使用的方法应用于心理研究。这标志着心理研究从哲学中脱离出来，成为一门独立的科学。

知识窗

威廉·冯特

威廉·冯特（1832—1920），德国心理学家、哲学家，第一个心理实验室的创立者，构造主义心理学的代表人物。他1832年出生在德国，后求学于杜宾根大学和海德堡大学，主修医学，后改行研究生理学。他1866年获得医学博士学位，1875年任莱比锡大学哲学教授，1879年在莱比锡大学建立世界上第一个心理实验室。他所著的《生理心理学原理》是近代心理学史上最重要的著作之一。

我国的心理研究也同样有着悠久的历史。孔子主张："性相近也，习相远也。"孟子主张："人无有不善，水无有不下。"荀子主张："人之性恶，其善者伪也。"他们争论的核心问题是人的心理、精神现象，但当时在方法上仍然不能摆脱主观的臆测和推论。20世纪，西方心理学开始传入中国。由于各种原因，当时我国的心理研究没有得到长足发展。直到1977年以后，我国的心理研究和应用才得到较大发展。

二、心理知识

心理现象可分为心理过程和个性心理，心理过程和个性心理又可各自细分为若干要素，如图5–1所示。

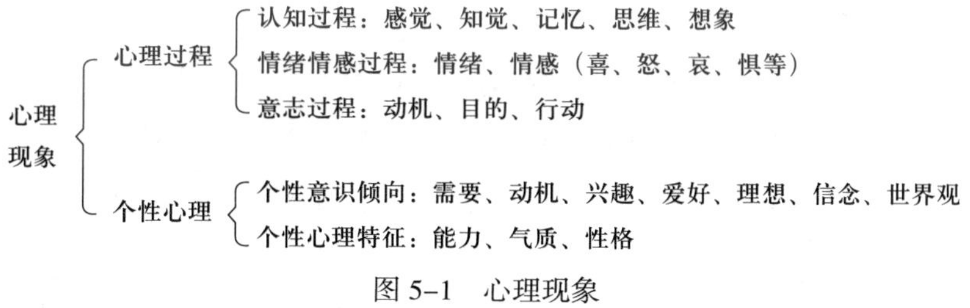

图5–1　心理现象

1. 心理过程

根据心理过程的性质和形态不同，心理过程又可分为认知过程、情绪情感过程和意志过程。

（1）认知过程

认知过程是指人通过感觉器官和大脑对客观事物的现象和本质进行反映的心理活动过程，包括感觉、知觉、记忆、思维、想象等心理现象。

1）感觉。感觉是人脑对直接作用于感觉器官的客观事物某方面属性的反映。例如，通过眼、耳、鼻等不同感觉器官的视觉、听觉、嗅觉作用，人脑能反映事物的形状、颜色、软硬等某方面属性。

2）知觉。知觉是直接作用于感觉器官的客观事物的整体在人脑中的反映，是在感觉的基础上产生的。知觉以感觉为基础，但不是感觉的简单相加，而是对大量感觉信息进行综合加工后形成的有机整体。例如，人们通过眼睛感到某个事物具有圆圆的形状、红红的颜色，通过鼻子感到它有香甜的气味，通过舌头感觉到它有酸甜的味道。大脑对这些信息进行综合加工分析，把这个事物反映成一个苹果，这就是知觉。

3）记忆。记忆是人脑对过去经验的保持和再现，也可以说是过去经历过的事物在人脑中的反映。人在感知过程中形成事物的映象，当事物不再继续作用于感觉器官时，它并不随之消失，而是能在头脑中保持一定的时间，在一定的条件下还能重现出来。

4）思维。思维是人脑对客观事物本质属性和内在联系的概括。人不仅能直接感知个别具体的事物，还能够运用头脑中已有的知识、经验去揭示事物的本质联系和内在规律。例如，公安人员通过犯罪现场的蛛丝马迹，可以推断出犯罪的大概过程。

5）想象。想象是人脑对已储存的表象进行加工处理形成新形象的过程。想象是在记忆表象的基础上进行的，但不是记忆表象的简单再现，而是表象的重新组合和重建。

人们总是随时在感知周围的环境，并通过自身的选择进行记忆和分析等思维活动，有些时候还会进行想象和创造，从而得出比较恰当的判断。

（2）情绪情感过程

情绪情感过程即人们在认识客观事物的过程中，由于客观事物与人的主体需要之间的关系而使人产生喜、怒、哀、惧等主观心理体验的过程。

人在认识世界和改造世界的过程中，总会产生这样或那样的主观心理体验。一般来说，需要得到满足就会产生积极的情绪情感，需要得不到满足就会产生消极的情绪情感。例如，事业上的成功会让人们感到愉快和喜悦，被人数落得不到尊重时人会懊恼。

（3）意志过程

意志过程是人们有意识地提出目标、制订计划、选择方式方法、克服困难，以达到预期目的的内部心理活动过程。意志是人的主观能动性的充分体现，动物只能消极地顺应环境，而人能够根据客观世界发展的规律和主观需要，事先确定目的、制订计划、调节行动，实现改造客观世界的目标。

认知过程、情绪情感过程、意志过程三个方面相辅相成，统称为心理过程。其中，认知活动是一切心理活动的基础，意志活动总以一定的认知活动为前提，情绪情感过程总是伴随着认知过程和意志过程而产生的。反过来，情绪情感过程和意志过程又促进了人们认知的发展。所以，认知、情绪情感、意志这三个不同的过程彼此联系、相互作用，构成了心理研究的重要内容。

2. 个性心理

个性心理是指在一定社会条件下的个人所具有的意识倾向，以及经常出现的、较稳定的心理特征的总和。它包括个性意识倾向和个性心理特征两个方面。

（1）个性意识倾向

个性意识倾向是指人进行活动的基本动力，是个性心理中最活跃的因素，表现在对认知对象和活动对象的趋向和选择上，主要包括需要、动机、兴趣、爱好、理想、信念、世界观等。

1）需要与动机。需要与动机是推动人们从事活动的动力和源泉。人的心理活动都有其内部推动力量，这种力量就是人的需要，它以欲望、要求的形式表现出来，反映的是人体内部的不平衡状态。例如，人要维持和发展自己的生命，就必须有一定的外部条件（如食物和水）来满足它。当这样的条件缺乏的时候，它就会反映到人的头脑里，让人产生对所缺物质或条件的需求，这就是需要。当人们意识到这种需要时，这种需要就转化成推动人从事某种活动并朝向一定目标前进的内部动力，这就是动机。

关于心理需要理论，最著名的是马斯洛的需要层次理论，如图 5–2 所示。马斯洛根据需要出现的先后和强弱顺序把需要分为七个层次，分别是生理需要、安全需要、归属和爱的需要、尊重需要、求知需要、审美需要、自我实现需要，其中位于底层的四种需要被称为基本需要，后三种需要被称为成长需要。

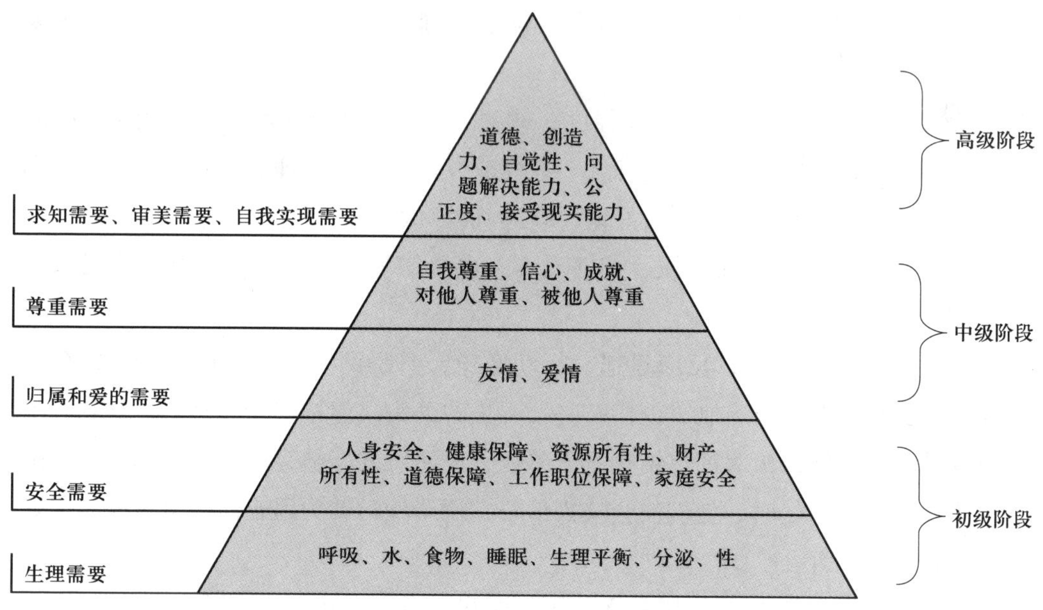

图 5–2　马斯洛需要层次理论

知识窗

心理学家马斯洛

亚伯拉罕·马斯洛（1908—1970），美国人本主义心理学家，其需要层次理论最为人熟知。他是第三代心理学的开创者，提出了融合精神分析心理学和行为主义心理学的人本主义心理学，并于其中融合了其美学思想。

2）兴趣。兴趣是指一个人力求认识某种事物或从事某种活动的心理倾向。在实践活动中，兴趣能使人们工作目标明确，积极主动，从而能自觉克服各种艰难困苦，获取工作的最大成就，并能在活动过程中不断体验成功的愉悦。

（2）个性心理特征

个性心理特征是指人们在生活过程中形成的某些稳固且经常出现的心理特征，包括能力、气质、性格等。

1）能力。能力是顺利、有效地完成某种活动所必须具备的生理和心理条件，是个体的一种心理特征。能力直接影响人的活动效率和效果。

根据能力影响范围的大小，可将能力分为一般能力与特殊能力。根据能力的主动性、独立性、创造性的不同，可将能力分为模仿能力与创造能力。根据能力影响的活动领域的不同，可将能力分为认知能力、操作能力与社交能力。能力的形成和发展受许多因素制约。

2）气质。气质是心理活动表现在强度、速度、稳定性和灵活性等动力性质方面的心理特征。气质相当于日常生活中所说的脾气、秉性或性情。它是心理活动动力特征的总和。例如，有人暴躁，有人温顺，有人活泼好动，有人沉默寡言，这就是气质。

气质可以分为胆汁质、黏液质、抑郁质、多血质四种类型。图 5–3 形象地展示了这四种气质类型的不同特点。

胆汁质的人情绪易激动，反应迅速，行动敏捷，暴躁而有力。这种人性急，有一种强烈而迅速燃烧的热情，不能自制。他们有坚忍不拔的劲头，但不善于考虑能否做到，工作有明显的周期性。他们能以极大的热情投身于事业，也愿意并能够克服通向目标的重重困难和障碍，但当精力消耗殆尽时，他们便会失去信心，情绪顿时转为沮丧而一事无成。代表人物如张飞、李逵、晴雯等。

黏液质的人反应比较缓慢，坚持而稳健地辛勤工作。他们动作缓慢而沉着，能克制冲动，严格恪守既定的工作制度和生活秩序，情绪不易激动，也不易流露情感，自制力强，不爱显露自己的才能，固定性有余而灵活性不足。代表人物如袭人、王夫人等。

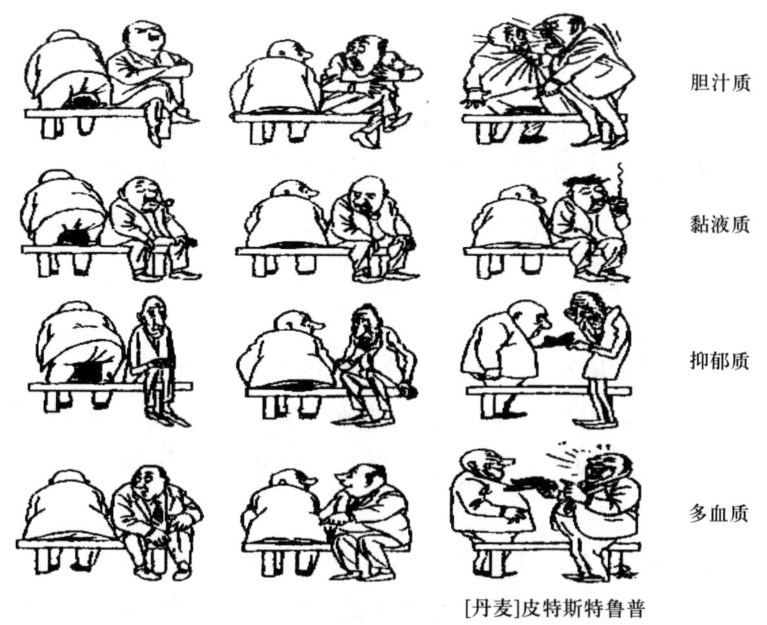

图 5-3　气质类型

抑郁质的人具有高度的情绪易感性，主观上会把很弱的刺激当作强作用来感受，常为微不足道的原因而动感情，且有力持久。他们行动迟缓，有些孤僻，遇到困难时优柔寡断，面临危险时极度恐惧。代表人物如林黛玉等。

多血质的人灵活性高，易于适应环境变化，善于交际，在工作、学习中精力充沛而且效率高。他们对什么都感兴趣，但情感兴趣易于变化，有些投机取巧，易骄傲，受不了一成不变的生活。代表人物如韦小宝、王熙凤等。

3）性格。性格是人对事物的态度，以及与这种态度相适应的行为方式上较稳定的个性心理特征。有的人热爱集体、大公无私，有人不热爱集体、自私自利。有的人总会表现出积极、乐观的情绪状态，有的人则总是消极、悲观。有的人意志力坚强，有的人意志力薄弱。有的人善于思考，有的人不爱动脑筋，遇事缺乏己见。这些都是人的性格的表现。

每个人的心理过程都会表现出其个人的特点，构成其独特的心理面貌。构成一个人心理面貌的就是他的心理特性。需要和动机反映了一个人心理活动的动力，能力说明他对某种活动的适宜性，气质和性格表现了他的人格特征。

心理过程和个性心理作为心理现象的两个方面，并不是孤立的，而是相互联系的。不仅认知过程、情绪情感过程、意志过程之间，而且心理过程和个性心理之间都是密不可分的。没有心理过程，个性心理就无法形成。同时，已经形成的个性心理又制约着心理过程，在心理过程中表现出来。没有不带个性心理特征的心理过程，也没有不表现在心理过程之中的个性心理特征。

3. 群体心理

群体是为了实现某个特定目标，由两个或两个以上相互作用、相互依赖的个体组成的具有相对稳定关系的集合。群体心理是群体成员之间在相互作用、相互影响下形成的心理活动。所有复杂的管理活动都涉及群体，没有群体成员的协同努力，组织的目标就难以实现。在不同的群体中会产生不同的群体心理，例如，家庭心理、职场心理、阶级心理、民族心理等都是不尽相同的。

（1）群体对个人的影响

群体生活是人类心理健康发展的重要保障，群体的主要功能有：

1）给成员以心理上的归属感。同一群体的成员在共同的活动中会表现出观念与行为的一致性。当与其他群体相比较时，成员就会产生一种属于自己群体的感觉，这就是归属感（情感方面的影响）。

2）使成员具有认同感。同一群体的成员对重大事件和原则问题的认识倾向于与群体保持一致。当个人对外界情况不明时，这种认同就会产生很大的影响，有时甚至会是盲目的（如在认知方面的影响）。

3）使成员获得社会性支持。当个体的思想与行为符合群体要求时，个体就会受到群体的赞许与鼓励，获得社会性支持，这种与群体的一致性就会得到强化（主要表现在行动方面的影响）。

总之，群体对个体的影响是巨大的。

（2）群体心理特征

群体心理的显著特征是共有性、界限性和动态性，主要表现为以下四个方面：

1）社会助长与社会抑制。当个体处于群体之中时，群体对个体的积极或消极作用都会有所增强，这种现象可以分为社会助长与社会抑制。

社会助长是指有他人在场或与他人一起工作时效率提高，社会抑制是指有他人在场或与他人一起工作时效率降低。出现这两种现象的主要原因是评价顾忌、分心及纯粹在场三个因素。人们通常想知道别人是如何评价自己的，这种接受别人评价的意识会干扰自己熟练掌握的行为。当人们考虑共事者在做什么或者观众怎么反应的时候，就已经分心了。注意他人和注意任务之间的矛盾会给认知系统带来负面影响。

2）社会懈怠。社会懈怠也叫社会惰化，是指当人们从事可叠加性的工作任务时，随着群体规模的加大，个体的努力程度倾向于下降的现象。在社会懈怠实验中，个体认为只有他们单独操作时才会受到评价。群体情境降低了个体的评价顾忌。如果人们不用单独为了某件事负责或者不会被单独评价时，群体内成员的责任感会被分散。如果不考虑个人贡献，而是在群体内一味采用平均分配，那么群体内搭便车的行为就会出现。

3）去个体化。当个体的身份被隐藏，就会出现去个体化，并且当所在的群体越大时，去个体化程度就越高。群体活动有时候还会引发一些失控的行为。群体一方面能对个体产生社会助长作用，同时也能使个体身份模糊。去个体化使人们自我意识减弱，群体意识增强。

4）从众。从众指个人的观念或行为由于真实或想象的群体影响或压力，而向与多数人相一致的方向变化的现象。从众在日常生活中可以表现为对特定或临时情境中的优势观念和行为方式的采纳，如跟随潮流、人云亦云等；也可以表现为对长期占优势地位的观念和行为方式的接受，如顺应风俗习惯等。

从众对于个体的社会化过程具有积极的意义。例如，社会中大多数人的观点保持一致，有利于社会的正常运转。一个人的知识能力总是有限的，因此，只有与社会的大多数人取得一致，个体才能更好地适应社会。同时，从众也具有消极的意义。例如，人们为了避免受到伤害而强调与大多数人保持一致，往往放弃自己原来的正确主张，甚至顺从了错误的行为方式，变得人云亦云，没有自己的独立人格，这是不利于个体健康发展的。

第二节　乘客心理与服务

城市轨道交通乘客表现出的心理活动是乘客在外出过程中各种需要的综合反映。从心理的角度看，城市轨道交通乘客服务实质上是乘客服务人员通过与乘客的互动交往，帮助乘客获得良好出行经历和出行体验的过程。要使乘客获得良好的心理体验，就必须在服务过程中了解和满足乘客的合理需要。

一、研究乘客心理对城市轨道交通乘客服务工作的作用

乘客服务人员需要深入了解乘客出行的需要、动机、情绪情感，以及在车站、乘车各个环节和不同环境中的心理活动规律，只有这样才能有的放矢地服务乘客。研究乘客心理能够帮助乘客服务人员更好地提供让乘客满意的服务，其作用主要体现在以下三个方面：

1. 提高乘客服务的主动性

研究乘客心理，能够使乘客服务人员更加主动地去了解服务对象的出行心理需要，掌握乘客的心理活动，做好前瞻性的准备工作，制定不同情况下的服务工作预案，按乘客的需要提供服务，而不是被动地等待乘客向自己提出问题和要求。

2. 提高乘客服务的针对性

乘客服务工作需要乘客服务人员主动、勤快，但如果乘客服务人员提供的服务不是乘客所需要的，结果便会事与愿违。例如，希望在乘车过程中安静休息的乘客，其心理需要是

不愿有人打扰。假如乘客服务人员非常热情地问长问短，就可能会引起乘客的反感。所以乘客服务工作不一定是越主动越好，越勤快越好，而是要有针对性。

同时，乘客服务人员的数量是有限的，不可能满足所有乘客表现或潜在的需要，乘客服务人员只能有针对性地为重点乘客服务。因此，乘客服务人员也需要充分把握乘客的心理，准确识别需要服务的重点乘客，使工作更有效率。例如，普通的成年乘客一般不需要乘客服务人员帮助他们购买车票，乘客服务人员可指导其在自动售票机上购买车票。

3. 提高乘客服务的周到性

服务周到与否是相对而言的，是乘客期望值满足程度的体现。它既受乘客出行心理需要满足水平的影响，又受环境、条件、时间等因素的制约，一般没有具体的衡量标准。乘客服务人员只能细致入微地观察乘客，把握他们的心理，急乘客之所急，想乘客之所想，尽量地满足他们的需要，接近他们的期望值，做到周到服务。

二、城市轨道交通乘客心理与相关服务

人的需要决定了人的动机，人的动机又决定了人的行为。通过对乘客行为的分析，找出形成乘客行为的动机，进而分析乘客的需要，就可以发现乘客需要与服务质量的差距，从而可以有效地制定出改进服务的举措，达到提高服务质量、满足乘客需要的目的。

1. 城市轨道交通乘客常见心理需要与服务

城市轨道交通乘客的心理需要是形形色色、千差万别的，但是乘客追求安全、快捷、准时、方便、舒适、尊重等方面的心理需要则是共同的。

（1）安全的需要与服务

安全需要是乘客对城市轨道交通最关切、最基本的需要。如果一种交通工具没有安全保障，乘客是不会选择它的，所以城市轨道交通只有在确保乘客安全的前提下，才会吸引出行的乘客。

为了保证列车开行正常，城市轨道交通列车必须是配备自动控制系统、自动保护系统、自动监控系统的高科技列车，各车站都应有先进的通风、消防、报警等设施设备和受远程监控的供配电系统，以保证乘客安全。另外，如果遇到突发事件，还要有完善的应急处理系统。

（2）快捷的需要与服务

快捷的心理需要是乘客对城市轨道交通最普遍、最常见的心理需要。如果交通工具不够快捷，乘客常常会因此产生厌烦的情绪体验和疲劳的生理体验。为此，城市轨道交通必须保证一定的运行速度。

（3）准时的需要与服务

城市轨道交通乘客出行往往有一定的计划性，目的性明确，所以时间对乘客来说显得

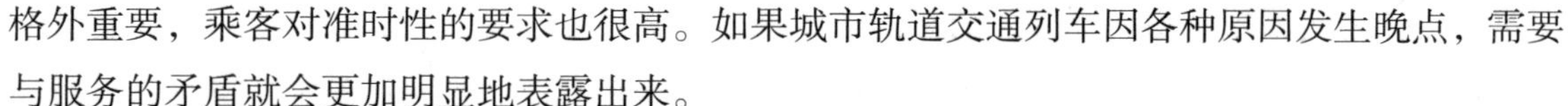

格外重要，乘客对准时性的要求也很高。如果城市轨道交通列车因各种原因发生晚点，需要与服务的矛盾就会更加明显地表露出来。

（4）方便的需要与服务

乘客对城市轨道交通便利性的需要主要包括购票方便、进出站方便、乘车方便等。

城市轨道交通车站要将购票处设置在醒目位置，进出站引导要清楚，再配合人员为乘客提供问询引导服务。乘客服务人员要注意维持乘车秩序，各种设施设备要方便乘客上下车。另外，城市轨道交通车站的某些区域也可以引进便利店、服装店等，为乘客提供日常生活必需品。城市轨道交通车站还应为乘客提供周边交通方式的接驳信息，便于乘客的出行。

城市轨道交通乘客都有导向的需要，但不同乘客对城市轨道交通导向标志的需要是不同的。按居住地不同，乘客可以分为本地乘客、外地乘客和外国乘客。一般而言，本地乘客较少依靠车站导向，外地乘客则希望导向标志的设置尽可能规范和详细，外国乘客即使掌握中文，也大都希望设置配有英文和标准图形符号的导向标志。

地铁建筑是功能性非常强的公共建筑，因此，其色彩设计首先要充分考虑功能要求（即对乘客的指示作用），用不同色彩表示不同的地铁线路。其色彩的搭配不能影响人们正常获得地铁标示导向信息。

（5）舒适的需要与服务

随着生活水平的提高，人们的出行要求也在不断提高。乘客除了安全、快捷、准时、方便等需要外，还有舒适愉快的享受需要。舒适成为乘客喜欢和选择城市轨道交通工具的重要心理需要。所以，乘客服务人员应当为乘客提供窗明地净的车站环境、舒适平稳的车厢环境，并保证车厢空调系统、排气系统等正常运转，提升乘客的舒适度。

（6）尊重的需要与服务

乘客在乘坐城市轨道交通工具出行时，都有期望受到尊重和欢迎的心理。乘客期望自己是受欢迎的人，期望看到乘客服务人员的笑脸，听到礼貌友好的声音，得到乘客服务人员热情主动的服务，期望乘客服务人员耐心倾听自己的意见，认真回答自己提出的问题。所以，乘客服务人员要尊重乘客，对待乘客要一视同仁，不能对乘客敷衍塞责，但也不必过分迎合乘客，表现得唯唯诺诺。乘客服务人员要坚持平等待人、以理服人，把微笑、热情、问候献给每一位乘客，尊重别人，尊重自己，树立良好服务形象。

2. 乘客知觉与服务

人们的心理活动起源于感知，感知形成知觉，知觉指导人们的行动，人的知觉离不开所处的环境。在城市轨道交通乘客服务中，车站和列车的环境是否宽敞、舒适、整洁，都会使乘客产生不同的知觉印象。

（1）乘客对城市轨道交通环境色彩的知觉与服务

对颜色的感知是人重要的心理现象之一，不同的颜色给人以不同的感觉和不同的心理感受。

一般来讲，红色象征喜庆，给人以热烈、兴奋、喜庆的感觉；绿色象征长青，给人以青春与健美的感觉；蓝色则通常给人以清新、镇定的感觉。这些色彩的搭配对于服务环境来说很重要，会带给乘客不同的知觉和心理感受。合理的城市轨道交通建筑色彩构成能使行于其中的人们得到愉悦的视觉享受，反之则会造成视觉环境污染，让人心情烦躁和不安。所以，城市轨道交通建筑中的色彩设计应以人为本，从整体上入手，把握好色彩的特性，正确处理好色彩对比与统一的关系，积极认知、实践、开拓、利用固有色彩，把城市轨道交通建筑空间布置得更加合理、美观，创造更佳的地下空间，使人们能更方便地使用城市轨道交通工具。

（2）乘客对城市轨道交通环境温度、声音的知觉与服务

不同的温度会使人产生不同的知觉，形成不同的感受。温度过高会使人注意力分散，心烦，动作准确性下降，甚至产生急躁的情绪。乘客对温度的知觉会对城市轨道交通乘客服务工作产生一定的影响。因此，城市轨道交通车站和列车乘客服务必须注意环境温度对乘客知觉的影响。一般来说，城市轨道交通车站和列车夏季室内温度应该在 18 ~ 24 ℃，冬季应该在 17 ~ 22 ℃。这是人在室内感觉最舒适的温度，有利于调节人的情绪。

另外，城市轨道交通环境中的声音对乘客知觉也有影响。人对声音高低的感受主要取决于声波振动的频率，是人对声波频率刺激的反应。根据研究，城市轨道交通环境中的广播声音不宜过大，当声音超过 140 dB 时，乘客就会产生一种不适的触压觉和痛觉。因此，乘客服务人员在使用广播时要注意音量的大小，尽可能给乘客一个温和、美妙的广播声音。

（3）乘客对乘客服务人员的知觉与服务

知觉印象的好坏会直接影响人与人之间的情感。在城市轨道交通乘客服务工作中，乘客对乘客服务人员的反应主要取决于乘客对乘客服务人员外表及行为的知觉，它会直接影响城市轨道交通企业在乘客心中的形象。

首先，乘客对乘客服务人员的知觉来自乘客服务人员的仪表特征，即乘客服务人员的服饰、装束与发型等。这些鲜明的外表特征成为乘客的感知对象，形成乘客对乘客服务人员的初步印象。其次，这种知觉来自乘客对乘客服务人员表情的感知，包括面部表情、语言表情、姿态表情等。乘客通过感知乘客服务人员不同的表情变化，可以了解乘客服务人员的思想、情感和心理活动，也可以了解乘客服务人员的情绪、心境和服务态度。因此，乘客服务人员在与乘客沟通时要注重自己的仪容仪表，保持微笑，文明服务。

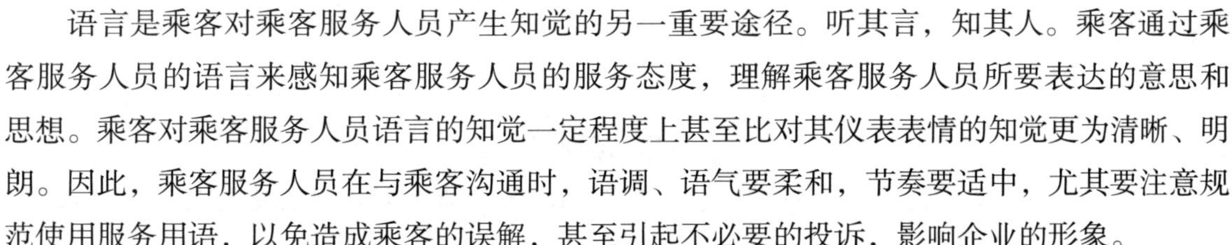

语言是乘客对乘客服务人员产生知觉的另一重要途径。听其言，知其人。乘客通过乘客服务人员的语言来感知乘客服务人员的服务态度，理解乘客服务人员所要表达的意思和思想。乘客对乘客服务人员语言的知觉一定程度上甚至比对其仪表表情的知觉更为清晰、明朗。因此，乘客服务人员在与乘客沟通时，语调、语气要柔和，节奏要适中，尤其要注意规范使用服务用语，以免造成乘客的误解，甚至引起不必要的投诉，影响企业的形象。

3. 乘客气质与服务

城市轨道交通乘客来自不同地方，其气质有很大的差异。乘客服务人员必须学会快速准确地观察乘客的情绪状态、言行举止特点，善于捕捉乘客细微的变化，才能有针对性地为乘客提供服务。

胆汁质的乘客性格急躁，对人热情，情感外露，说话直率而快速，言谈中表现自信。这种气质类型的乘客容易激动，通常喜欢与人争论问题，并且力求争赢。他们对评价易走极端，外出乘车常因粗心而遗失东西。对这类乘客，乘客服务人员要注意言谈举止谦让，对其有时不顾后果的冲动言行不要计较。一旦产生矛盾，要尽量回避，不要激怒他们。同时，还要随时贴心地提醒他们不要乱扔、乱放东西，以免遗失。

黏液质的乘客表现稳重，感情较平稳，情感很少外露，喜欢清静的环境，自制力强。但由于情感不外露，话又不多，人们很难明白他们想什么或需要什么。而且，这类乘客一般反应较慢，讲话慢条斯理，显得深思熟虑，与人交往时希望别人讲话也慢些。他们的注意力比较稳定，对新环境不易适应，但一旦适应了又会对乘坐过的列车或打过交道的乘客服务人员产生留恋之情。对黏液质的乘客介绍或交代事情时，乘客服务人员应当注意讲话的速度，重点重复一下。一般情况下，不要过多地与他们交谈，如果有交谈，应尽量简单明了。

抑郁质的乘客情感很少向外流露，心里有事一般不愿对别人讲，宁愿自己想。他们出行时表现得不太合群，不喜欢在公共场合与人交往和聊天。这类乘客对事情体验深刻，自尊心强，很敏感，好猜疑，想象丰富。他们在遇到困难或挫折时会表现得非常痛苦。例如，他们在遗失物品、身体有病或与人发生纠纷后会长时间不能平静。他们讲话慢，有时又显得话很多，怕别人听不清楚产生误会。他们行动迟缓，反应慢。乘客服务人员对抑郁质的乘客要十分尊重，对他们讲话要清楚明了，和蔼可亲。要尽量少在他们面前谈话，绝对不要与他们开玩笑，以免产生误会和猜疑。当他们遗失物品或生病时，应当特别关心和给予帮助，想办法安慰他们，使他们感到温暖。

多血质的乘客热情大方，活泼好动，喜欢与人交往，喜欢打听各种新闻。他们反应快，理解能力强，聪明伶俐，动作敏捷、灵活。他们情感外露，并且变化多端，经常处于愉快的心境之中。同多血质的乘客沟通时，乘客服务人员应尽量满足他们爱交际、爱讲话的特点。在与他们交谈的过程中，要做到不重复，避免他们产生不耐烦的感觉。

案例分析

气质与反应

一位心理学家设计了一个“看戏迟到”的特定情境，对四种典型气质类型的人进行观察研究。

胆汁质的人会面红耳赤地与检票员争吵起来，甚至企图推开检票员，冲过检票口，径直跑到自己的座位上去，并且还会埋怨说，戏院的时钟走得太快了。

多血质的人明白检票员不会放他进去，他也不与检票员发生争吵，而是悄悄地跑到楼上另寻一个适当的地方观看戏剧。

黏液质的人看到检票员不让他从检票口进去，便想反正第一场戏不太精彩，还是暂且到小卖部待一会儿，等幕间休息再进去。

抑郁质的人说自己老是不走运，偶尔来一次戏院就这样倒霉，接着就垂头丧气地回家了。

【分析】这个心理实验说明，不同气质类型的观众在面临同一情境时会有截然不同的行为表现。在与其打交道时，要根据其气质类型采取有针对性的措施，才能与其顺利沟通。

4. 乘客性格与服务

不同性格的乘客对服务的需求也有所不同，只有准确判断乘客性格特点，采取适当的服务措施，才能实现更好的服务效果。

（1）温和型乘客与服务

温和型乘客性格随和，对自己和别人没有更多的要求。他们比较容易理解别人，注重与任何人之间的友好亲切关系。

面对这种乘客，乘客服务人员更要以礼相待，以情感人，千万不能因为对方的宽容而忽视了对其的服务，降低服务水平。

（2）独断型乘客与服务

独断型乘客十分自信，有很强的决断力，感情激烈，不容易接受和理解别人，轻易不改变自己的看法和观点，希望每个人都认同他的观点并满足他的需求。这种类型的乘客最不能容忍被怠慢或者不被尊重，是投诉最多的乘客。

面对这种乘客，乘客服务人员要镇定自如，始终保持目光的交流，不能怯场。因为这种类型的乘客不愿意听取别人的意见，所以乘客服务人员一定要先征求其意见，不然很有可能造成双方都不愉快。

（3）分析型乘客与服务

分析型乘客做事非常认真，要求乘客服务人员每说一句话都要非常准确，不能有任何含糊的地方。分析型乘客通常说得少，听得多，动作缓慢，表情少。他们的文化素质一般较高，逻辑分析能力强，讲道理，不接受不公平待遇，但可以接受合理的解释，善于维护自己的权益，对服务不满时往往会说："这不是理由……"

面对这种乘客，乘客服务人员说话要有条理性、逻辑性。如果遇到这种乘客提意见，乘客服务人员要注意真诚对待，讲清事实，争取得到理解。

（4）内向型乘客与服务

内向型乘客生活比较封闭，对外界事物冷漠，和陌生人保持相当的距离。他们对乘客服务人员的态度、言行、举止非常敏感，对乘客服务人员的热情大都比较排斥。

由于这种乘客比较腼腆，所以乘客服务人员看他们时目光一定要和蔼，但对视时间不宜过长，以免给乘客造成心理压力。

（5）自我型乘客与服务

自我型乘客是最挑剔的。他们以自我为中心，从来不站在他人的立场上考虑问题，并且绝对不允许利益受到损害，有很强的报复心理，性格敏感而不讲道理，无理也要辩三分。

面对这种乘客，乘客服务人员要控制好情绪，以礼相待，如果有做得不周之处要立即道歉。尽管乘客的语言可能会十分尖刻，但乘客服务人员要包容，不能与之发生争执，否则会引起更多的麻烦。

第三节　乘客服务人员心理修养

城市轨道交通乘客服务人员的心理需要、情绪情感等心理活动的特点和规律也是城市轨道交通乘客服务心理研究的对象。在城市轨道交通乘客服务工作中，乘客服务质量不仅取决于设施设备等硬件条件，更取决于乘客服务人员的素质及服务意识等软件因素。所以，提高乘客服务人员的心理修养也是提升城市轨道交通乘客服务质量的关键因素。

一、良好心理修养对乘客服务人员及其工作的意义

心理修养是指以个体的生理条件和已有的知识经验为基础，将外部获得的刺激内化成稳定、基本的，与人的适应能力和创造行为密切联系的心理品质。心理修养的形成源于生理、心理和外部条件。或者说，心理修养是以先天的禀赋为基础，在环境的教育、影响下生成并发展起来的稳定的心理品质。

城市轨道交通乘客服务工作是一项辛苦的工作，会消耗乘客服务人员大量的生理和心

理能量，会造成乘客服务人员疲劳和紧张，乘客服务人员有时还会遇到“刁蛮”乘客而遭受委屈、误解甚至投诉。这些在工作中发生的不愉快，很容易使乘客服务人员产生多种不良情绪。因此，乘客服务人员必须具有良好的心理修养，调整自身心态，保证工作质量。

1. 有助于乘客服务人员的自我发展

具有良好心理修养的乘客服务人员具有自我反省能力与自制力。健康的心理能使其正确认识和评价自己，正确对待工作中的挫折。无论身处顺境还是逆境，乘客服务人员都能乐观进取。反之，乘客服务人员会精神不佳、自卑、忧郁、苦闷与悲观，形成情绪、性格、人际关系上的缺陷，这将直接影响其工作适应能力和发展目标的实现。

2. 开发乘客服务人员的潜能

根据现代心理学研究，绝大部分正常人一般只使用了自身潜力的10%。健康的心理可以促使乘客服务人员开发自己的潜能，发展、完善和实现自我，在面对工作挫折时能减少埋怨和沮丧等不良情绪，建设性地对待问题，努力争取工作的成功。

3. 提升乘客服务人员的自信心

乘客服务人员既要有良好的思想品德、专业的服务知识和技能，又要有稳定的情绪、良好的人际交往能力和较强的工作适应能力等心理修养。健康的心理会促使乘客服务人员在学习和工作中积极培养和提高自身的综合素质，明确目标，努力追求成功；在遇到失败时善于总结经验，积极寻找新途径和新方法；在面对选择时勇于表现自己，善于推销自己，充满自信，不畏艰难，不怕失败，能以专业的业务知识技能和充分的思想准备，满怀信心地走向社会和工作岗位。

4. 提高乘客服务人员的自制力

具有良好心理修养的乘客服务人员善于控制和支配自己的情绪，约束自己的言行，促使自己去执行已经做出的决定，既能控制、实现与目标不一致的思想情绪和外界诱因，保证不偏离既定目标，又能为实现目标忍受各种磨难与痛苦。

二、乘客服务人员应具备的心理修养

1. 自觉性

自觉性是指人们能够独立自主地调节控制自己的行动，从而达到自己的明确目的。具有自觉性的乘客服务人员，不用别人暗示和督促就能独立地发现问题，并主动地使自己的行动服从于目的，同时能把自己的热情和力量都投入工作中去，即使遇到困难也不妥协、不动摇，千方百计地克服困难，坚持做好工作。

2. 坚持性

坚持性是指人们在工作中能够坚持决定，克服困难，百折不挠，不达目的誓不罢休。它能让人长期维持与既定目标一致的行为，不轻易放弃对既定目标的追求。具有这种心理修

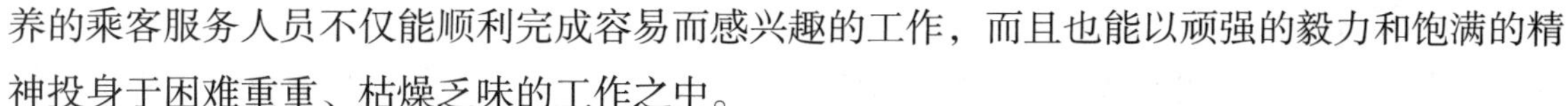

养的乘客服务人员不仅能顺利完成容易而感兴趣的工作，而且也能以顽强的毅力和饱满的精神投身于困难重重、枯燥乏味的工作之中。

3. 果断性

果断性是指人们善于迅速明辨是非利害，并能够在决策关头当机立断。果断的乘客服务人员，能够在复杂情况下迅速有效地执行决定，勇敢、及时地投入行动，在特定情境下能够审时度势，全面、深刻地认识行动的目的和应当采取的方法。因此，他们在事态发展到紧要关头时能不失时机，及时行动。

4. 自制力

自制力是指人们能够自觉控制自己的情绪和行动，既善于激励自己勇敢地去做好工作，又善于抑制那些不符合既定目的的愿望、动机、行为和情绪。自制力是坚强的重要标志，它具体表现在两个方面：一是善于鞭策自己，二是善于抑制与目标相违背的愿望、动机、行为和情绪。自制力强的乘客服务人员能严格控制自己的各种消极情绪，对挫折有很强的承受力，在学习、工作中能够高度集中注意力，达到忘我的境界。

5. 责任心

责任心是指人们对自己和他人、家庭和集体、国家和社会所负责任的认识、情感和信念，以及与之相应的遵守规范、承担责任和履行义务的自觉态度。它是性格心理的组成部分，是一个人应该具备的基本素养，是健全人格的基础，是家庭和睦、社会安定的保障。具有责任心的乘客服务人员会认识到自己的工作在组织中的重要性，把实现组织的目标当成自己的目标。

责任心还能使人自觉、主动、积极、尽职尽责地完成任务。当乘客服务人员圆满地尽到自己的责任时，会产生满意、愉快的情感；如果没有尽到自己的责任，他们会深感不安和内疚。可以说，有了责任心，乘客服务人员个人的价值才能得到充分、合理的体现。

6. 自信心

自信心是指人们凭借自己的能力克服各种困难，对揭示自然或社会发展规律充满信心。乘客服务人员在学习、工作和生活中不可能一帆风顺。有的乘客服务人员一遇挫折和失败就情绪低落、怨天尤人、灰心丧气，甚至惊慌失措、彻底崩溃；有的乘客服务人员则心态平和，并积极吸取教训，在失败中寻找成功的因素，继续努力。面对挫败和失败，两种人的行为表现截然不同，关键在于有无自信。坚强的自信心带来顽强的毅力，可以使人最大限度地发挥聪明才智，藐视困难和失败。

培养自信心的关键是要肯定自身存在的价值，学会客观地分析自己，既要看到自己的长处，也要了解自己的短处。看不到自己的长处，容易产生自卑心理；看不到自己的短处，容易产生傲慢心理。这样的人在困难面前都会失去信心。

7. 团队精神

团队精神使工作更有效率，使组织更有活力，并能够发挥出个人的创造性，使个人能够对工作提出好的想法和建议。城市轨道交通乘客服务工作的性质，要求团队成员精诚合作，密切配合。

三、乘客服务人员心理修养提高策略

1. 培养健全人格

人格是人的心理核心，反映一个人的处世哲学、精神风貌、道德品质。健全的人格是心理健康的基础，也是心理健康的重要标志。因此，保持心理健康必须首先重视培养健全人格。

要培养健全人格，就要懂得控制自己的心理和情绪，培养坚强的意志和顽强的毅力，培养广泛而高雅的兴趣爱好，通过阅读、思考、学习等途径提高自己的情商，不断完善人格。

2. 要有自知之明

个人要对自己的水平和状况心中有数，做到自我评价客观、真实，既不狂妄自大，又不妄自菲薄。只有这样，才能使自己头脑清醒，保证心理健康。

3. 培养战胜挫折的能力

首先，要培养良好的心态，不怕挫折，正确对待挫折。其次，要认真总结经验教训，分析挫折原因，提升工作能力。最后，要借鉴别人战胜挫折的方法和经验，在工作过程中培养战胜挫折的能力。

4. 培养良好的环境适应能力

环境适应能力是人们建立个人与环境之间和谐关系的能力。环境有很多类型，包括自然环境、工作环境、家庭环境和社会环境等。乘客服务人员每天要面对形形色色的乘客和各种不同的情况，只有很好地适应各种环境，才能保证身心健康，提高工作效率和生活质量。

个人要注重形成冷静、稳重、果敢的性格，以及积极面对环境的心态，要积极调整自我，掌握与各种人沟通交往的技巧，学会妥善处理自身与环境之间的矛盾和冲突。

5. 建立积极良好的心态

积极良好的心态是保持心理健康的一个重要条件。积极、乐观的精神和情绪，有利于人经受来自各方面的考验，有利于人锻炼应对与战胜困难和挫折的能力，使其身心少受伤害。

要建立积极良好的心态，就必须正确对待挫折和困难，合理设定自己的目标，控制自己的欲望，学会取舍。要加强学习，扩大视野，提高见识与思想境界，多与乐观豁达的人交流。

6. 学会理解与包容

要学会理解。理解对方的心情、难处，是缩小心理距离、处理好相互关系的基础。要学会包容。对别人采取谅解、宽容的态度，能缓和对立情绪，为矛盾、冲突的解决提供有利条件。

四、乘客服务人员自我情绪调节

乘客服务人员的自我情绪调节是指乘客服务人员在无法改变外部环境的情况下，通过调整自己的所思所想、所作所为实现心理上的自我保护。乘客服务人员在工作中常常会遇到各种各样的挫折，而要增强对挫折的承受能力，就要学会在遇到挫折时实行积极的自我情绪调节。

1. 正确认识自身工作的性质

（1）准确的角色定位：永远不可能与乘客“平等”

服务行业本身的特点和性质，客观上决定了城市轨道交通乘客服务中客我之间存在着不平等。服务工作是一项服务人的工作，乘客服务人员与乘客之间的关系是一种服务与被服务的关系。乘客有要求乘客服务人员为其服务的权利，而乘客服务人员却无拒绝乘客正当要求的权利。乘客服务人员不可能在服务过程中与乘客处于平起平坐的平等地位。这样的不平等是一种“合理”的不平等。因此，乘客服务人员对自身的工作要有正确的认识，要树立正确的工作观和挫折观，正确、冷静地对待各种乘客的要求，尽量满足乘客的合理要求。

（2）正确的服从理念：“乘客永远是对的”

“乘客永远是对的”这句话并不是对客观存在的事实做出的判断。它只是对乘客服务人员应该如何去为乘客服务提出的一种要求、一个口号。它是乘客服务的一种精神，但事实上乘客不一定是对的。有时乘客可能是有意找碴或是强词夺理，这时乘客服务人员必须秉承“乘客永远是对的”原则，把“理”让给乘客，给乘客以面子。

（3）提倡的服务行为：“没有任何借口”

“没有任何借口”是美国西点军校奉行的最重要的行为准则之一，是西点军校教授给每一位新生的第一个理念。它强化的是每一位学员要想尽办法去完成任何一项任务，而不是为没有完成任务去寻找借口，哪怕看似合理的借口。其核心是敬业、责任、服从、诚实。任何借口都是推卸责任，乘客服务人员要把服务当成心爱的事业，把乘客当成心爱的人，细心、精心、留心，为乘客提供体贴入微并能让乘客舒心、满意的服务。

2. 乘客服务人员自我情绪调节方法

乘客服务人员应学会如何调节自我情绪，促进自身心理健康。当烦恼、焦虑、紧张、抑郁、不安等不良情绪产生时，要主动采取一些方法加以调节。

（1）学会自我疏导

在产生不良情绪的时候，善于自我排解、自我疏导的人能将不良情绪转化为积极情绪。必要时，乘客服务人员不妨用“阿Q精神”调适一下心理，学会适当地随遇而安，营造一个豁达、坦荡的心理氛围。乘客服务人员要有难得糊涂的精神，在一些非原则性的问题上“糊涂”一下，无疑能避免不必要的精神痛楚和心理困惑；要有快速健忘的勇气，这也是避免情绪波动最直接有效的方法；要培养自己适应各种环境的能力，遇事不过分强求，烦恼就会少一些，心理压力就会小一些。

（2）转移注意力

当情绪激动时，为了不至于爆发和难以控制，乘客服务人员可以有意识地转移注意力，把注意力从造成不良情绪的刺激情境转移到其他事物或活动上去，使情绪慢慢好转。常见的转移注意力的方法包括：改变注意焦点，分散注意力，例如，当苦闷、烦恼时，将注意力转移到有兴趣的活动中，做自己平时最感兴趣的事；改变环境，例如，到风景秀丽的野外去散步，到自己想去的地方玩，或改变自己的居住环境。

（3）合理发泄情绪

合理发泄情绪是指用适当的方式来排解心中的不良情绪，它是排除不良情绪的积极方式。产生不良情绪时，乘客服务人员可以通过简单的方式将这些情绪痛痛快快地表达出来，或将不良情绪通过别的途径与方式宣泄出来。具体方法包括：在适当的场合哭一场，向他人倾诉，剧烈运动，放声歌唱或大声喊叫等。

但是，合理发泄不等于放纵、任性、胡闹。如果不分时间、场合、地点随意发泄，不仅不能调控好不良情绪，还会造成不良的后果。

（4）使用通用的心理减压方法

有时在工作中，调整一下身体姿势也可以改变人的情绪和心理活动。乘客服务人员可以在值勤或者工作休息时间做一些小运动。例如，在抬头挺胸的时候，人们会更有自信，情绪也会更加高涨。所以，当在工作过程中情绪低落、想低头的时候，乘客服务人员可以有力而稳健地抬头挺胸走路，这样能让自身感觉更有活力，也可以消除严肃和紧张的感觉。

（5）寻求社会支持

家人、朋友、同事、同学都是重要的社会支持力量。研究表明，社会支持水平会影响心理健康水平，社会支持水平越高，心理健康水平就越高，主观幸福度也就越高，心理病症也会减少。因此，乘客服务人员要重视家庭生活，重视与亲朋好友的交往，建立良好的人际关系。其中，特别要注重构建和谐的家庭环境。

知识窗

社会支持评定量表

姓名：　　　　　　　性别：　　　　　　　年龄：

文化程度：　　　　　职业：　　　　　　　婚姻状况：

住址或工作单位：　　　　　　　　　　　　填表日期：　　年　月　日

指导语：以下问题用于反映您在社会中所获得的支持，请按各个问题的具体要求，根据实际情况回答。

1. 与您关系密切，可以给予您支持和帮助的朋友的数量是（　）。（只选一项）

（1）一个也没有　（2）1～2个　（3）3～5个　（4）6个或6个以上

2. 近一年来您（　）。（只选一项）

（1）远离家人，且独居一室

（2）住处经常变动，多数时间和陌生人住在一起

（3）和同学、同事或朋友住在一起

（4）和家人住在一起

3. 您与邻居关系的状况是（　）。（只选一项）

（1）相互之间从不关心，只是点头之交

（2）遇到困难可能稍微关心

（3）有些邻居很关心您

（4）大多数邻居很关心您

4. 您与同事关系的状况是（　）。（只选一项）

（1）相互之间从不关心，只是点头之交

（2）遇到困难可能稍微关心

（3）有些同事很关心您

（4）大多数同事都很关心您

5. 您从家庭成员得到支持和照顾的状况是（　）。（在合适的框内画“√”）

家庭成员	无	极少	一般	支持
A. 夫妻（恋人）				
B. 父母				
C. 儿女				
D. 兄弟姐妹				
E. 其他成员（如嫂子）				

6. 过去，在您遇到危急或困难情况时，曾经得到的经济支持和解决实际问题的帮助的来源有（　）。

（1）无任何来源

（2）下列来源（可选多项）

A. 配偶；B. 其他家人；C. 朋友；D. 亲戚；E. 同事；F. 工作单位；G. 党、团、工会等官方或半官方组织；H. 非官方社会组织；I. 其他（请列出）__________

7. 过去，在您遇到危急或困难情况时，曾经得到的安慰和关心的来源有（　）。

（1）无任何来源

（2）下列来源（可选多项）

A. 配偶；B. 其他家人；C. 朋友；D. 亲戚；E. 同事；F. 工作单位；G. 党、团、工会等官方或半官方组织；H. 非官方社会组织；I. 其他（请列出）__________

8. 您遇到烦恼时的倾诉方式是（　）。（只选一项）

（1）从不向任何人倾诉

（2）只向关系极为密切的 1 ～ 2 个人倾诉

（3）如果朋友主动询问，您会说出来

（4）主动诉说自己的烦恼，以获得支持和理解

9. 您遇到烦恼时的求助方式是（　）。（只选一项）

（1）只靠自己，不接受别人帮助

（2）很少请求别人帮助

（3）有时请求别人帮助

（4）有困难时经常向家人、亲友、组织求援

10. 对于团体组织（如党团组织、工会、学生会等）活动，您（　）。（只选一项）

（1）从不参加

（2）偶尔参加

（3）经常参加

（4）主动参加并积极活动

量表计分方法：

第 1 条至第 4 条和第 8 条至第 10 条，每条只选一项，选择 1，2，3，4 项分别计 1，2，3，4 分；第 5 条分 A，B，C，D 四项计总分，每项从“无”到“支持”分别计 1 ～ 4 分；第 6 条、第 7 条如回答“无任何来源”则计 0 分，回答“下列来源”者，

有几个来源就计几分。

社会支持评定量表分析方法：

总分即十个条目计分之和，客观支持分为第2条、第6条、第7条评分之和，主观支持分为第1条、第3条、第4条、第5条评分之和，对支持的利用度为第8条、第9条、第10条评分之和。

（来源：中国心理学家网）

思考与练习

1. 简述人的四种气质类型的不同特点。
2. 城市轨道交通乘客服务人员应具备哪些心理修养？
3. 城市轨道交通乘客服务人员如何调节自我情绪？
4. 在城市轨道交通车站随机观察一名老年乘客，试分析其心理并提供针对性的服务。

城市轨道交通运营管理规定

（中华人民共和国交通运输部令2018年第8号）

《城市轨道交通运营管理规定》已于2018年5月14日经第7次部务会议通过，现予公布。自2018年7月1日起施行。

部长　李小鹏

2018年5月21日

城市轨道交通运营管理规定

第一章　总　则

第一条　为规范城市轨道交通运营管理，保障运营安全，提高服务质量，促进城市轨道交通行业健康发展，根据国家有关法律、行政法规和国务院有关文件要求，制定本规定。

第二条　地铁、轻轨等城市轨道交通的运营及相关管理活动，适用本规定。

第三条　城市轨道交通运营管理应当遵循以人民为中心、安全可靠、便捷高效、经济舒适的原则。

第四条　交通运输部负责指导全国城市轨道交通运营管理工作。

省、自治区交通运输主管部门负责指导本行政区域内的城市轨道交通运营管理工作。

城市轨道交通所在地城市交通运输主管部门或者城市人民政府指定的城市轨道交通运营主管部门（以下统称城市轨道交通运营主管部门）在本级人民政府的领导下负责组织实施本行政区域内的城市轨道交通运营监督管理工作。

第二章　运营基础要求

第五条　城市轨道交通运营主管部门在城市轨道交通线网规划及建设规划征求意见阶段，应当综合考虑与城市规划的衔接、城市轨道交通客流需求、运营安全保障等因素，对线网布局和规模、换乘枢纽规划、建设时序、资源共享、线网综合应急指挥系统建设、线路功能定位、线路制式、系统规模、交通接驳等提出意见。

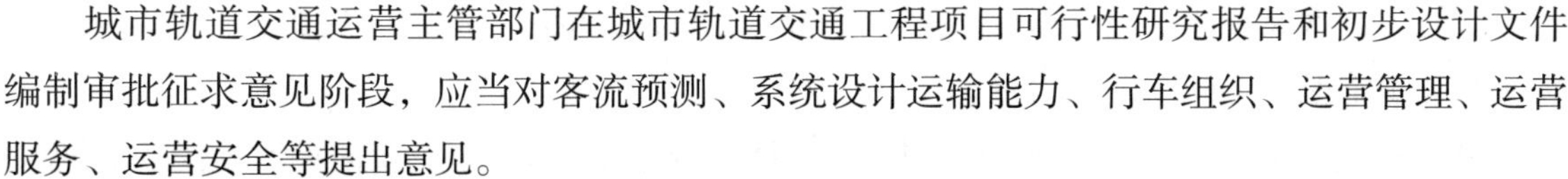

城市轨道交通运营主管部门在城市轨道交通工程项目可行性研究报告和初步设计文件编制审批征求意见阶段，应当对客流预测、系统设计运输能力、行车组织、运营管理、运营服务、运营安全等提出意见。

第六条　城市轨道交通工程项目可行性研究报告和初步设计文件中应当设置运营服务专篇，内容应当至少包括：

（一）车站开通运营的出入口数量、站台面积、通道宽度、换乘条件、站厅容纳能力等设施、设备能力与服务需求和安全要求的符合情况；

（二）车辆、通信、信号、供电、自动售检票等设施设备选型与线网中其他线路设施设备的兼容情况；

（三）安全应急设施规划布局、规模等与运营安全的适应性，与主体工程的同步规划和设计情况；

（四）与城市轨道交通线网运力衔接配套情况；

（五）其他交通方式的配套衔接情况；

（六）无障碍环境建设情况。

第七条　城市轨道交通车辆、通信、信号、供电、机电、自动售检票、站台门等设施设备和综合监控系统应当符合国家规定的运营准入技术条件，并实现系统互联互通、兼容共享，满足网络化运营需要。

第八条　城市轨道交通工程项目原则上应当在可行性研究报告编制前，按照有关规定选择确定运营单位。运营单位应当满足以下条件：

（一）具有企业法人资格，经营范围包括城市轨道交通运营管理；

（二）具有健全的行车管理、客运管理、设施设备管理、人员管理等安全生产管理体系和服务质量保障制度；

（三）具有车辆、通信、信号、供电、机电、轨道、土建结构、运营管理等专业管理人员，以及与运营安全相适应的专业技术人员。

第九条　运营单位应当全程参与城市轨道交通工程项目按照规定开展的不载客试运行，熟悉工程设备和标准，察看系统运行的安全可靠性，发现存在质量问题和安全隐患的，应当督促城市轨道交通建设单位（以下简称建设单位）及时处理。

运营单位应当在运营接管协议中明确相关土建工程、设施设备、系统集成的保修范围、保修期限和保修责任，并督促建设单位将上述内容纳入建设工程质量保修书。

第十条　城市轨道交通工程项目验收合格后，由城市轨道交通运营主管部门组织初期运营前安全评估。通过初期运营前安全评估的，方可依法办理初期运营手续。

初期运营期间，运营单位应当按照设计标准和技术规范，对土建工程、设施设备、系统集成的运行状况和质量进行监控，发现存在问题或者安全隐患的，应当要求相关责任单位按照有关规定或者合同约定及时处理。

第十一条 城市轨道交通线路初期运营期满一年，运营单位应当向城市轨道交通运营主管部门报送初期运营报告，并由城市轨道交通运营主管部门组织正式运营前安全评估。通过安全评估的，方可依法办理正式运营手续。对安全评估中发现的问题，城市轨道交通运营主管部门应当报告城市人民政府，同时通告有关责任单位要求限期整改。

开通初期运营的城市轨道交通线路有甩项工程的，甩项工程完工并验收合格后，应当通过城市轨道交通运营主管部门组织的安全评估，方可投入使用。受客观条件限制难以完成甩项工程的，运营单位应当督促建设单位与设计单位履行设计变更手续。全部甩项工程投入使用或者履行设计变更手续后，城市轨道交通工程项目方可依法办理正式运营手续。

第十二条 运营单位承担运营安全生产主体责任，应当建立安全生产责任制，设置安全生产管理机构，配备专职安全管理人员，保障安全运营所必需的资金投入。

第十三条 运营单位应当配置满足运营需求的从业人员，按相关标准进行安全和技能培训教育，并对城市轨道交通列车驾驶员、行车调度员、行车值班员、信号工、通信工等重点岗位人员进行考核，考核不合格的，不得从事岗位工作。运营单位应当对重点岗位人员进行安全背景审查。

城市轨道交通列车驾驶员应当按照法律法规的规定取得驾驶员职业准入资格。

运营单位应当对列车驾驶员定期开展心理测试，对不符合要求的及时调整工作岗位。

第十四条 运营单位应当按照有关规定，完善风险分级管控和隐患排查治理双重预防制度，建立风险数据库和隐患排查手册，对于可能影响安全运营的风险隐患及时整改，并向城市轨道交通运营主管部门报告。

城市轨道交通运营主管部门应当建立运营重大隐患治理督办制度，督促运营单位采取安全防护措施，尽快消除重大隐患；对非运营单位原因不能及时消除的，应当报告城市人民政府依法处理。

第十五条 运营单位应当建立健全本单位的城市轨道交通运营设施设备定期检查、检测评估、养护维修、更新改造制度和技术管理体系，并报城市轨道交通运营主管部门备案。

运营单位应当对设施设备进行定期检查、检测评估，及时养护维修和更新改造，并保存记录。

第十六条 城市轨道交通运营主管部门和运营单位应当建立城市轨道交通智能管理系统，对所有运营过程、区域和关键设施设备进行监管，具备运行控制、关键设施和关键部位监测、风险管控和隐患排查、应急处置、安全监控等功能，并实现运营单位和各级交通运输主管部门之间的信息共享，提高运营安全管理水平。

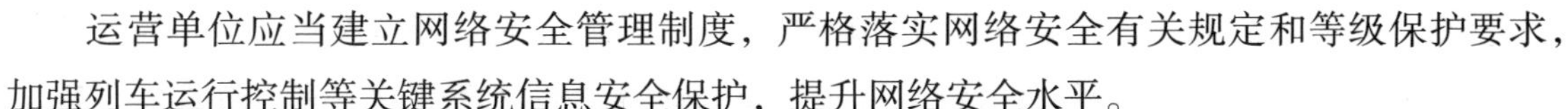

运营单位应当建立网络安全管理制度，严格落实网络安全有关规定和等级保护要求，加强列车运行控制等关键系统信息安全保护，提升网络安全水平。

第十七条　城市轨道交通运营主管部门应当对运营单位运营安全管理工作进行监督检查，定期委托第三方机构组织专家开展运营期间安全评估工作。

初期运营前、正式运营前以及运营期间的安全评估工作管理办法由交通运输部另行制定。

第十八条　城市轨道交通运营主管部门和运营单位应当建立城市轨道交通运营信息统计分析制度，并按照有关规定及时报送相关信息。

第三章　运营服务

第十九条　运营单位应当按照有关标准为乘客提供安全、可靠、便捷、高效、经济的服务，保证服务质量。

运营单位应当向社会公布运营服务质量承诺并报城市轨道交通运营主管部门备案，定期报告履行情况。

第二十条　运营单位应当根据城市轨道交通沿线乘客出行规律及网络化运输组织要求，合理编制运行图，并报城市轨道交通运营主管部门备案。

运营单位调整运行图严重影响服务质量的，应当向城市轨道交通运营主管部门说明理由。

第二十一条　运营单位应当通过标识、广播、视频设备、网络等多种方式按照下列要求向乘客提供运营服务和安全应急等信息：

（一）在车站醒目位置公布首末班车时间、城市轨道交通线网示意图、进出站指示、换乘指示和票价信息；

（二）在站厅或者站台提供列车到达、间隔时间、方向提示、周边交通方式换乘、安全提示、无障碍出行等信息；

（三）在车厢提供城市轨道交通线网示意图、列车运行方向、到站、换乘、开关车门提示等信息；

（四）首末班车时间调整、车站出入口封闭、设施设备故障、限流、封站、甩站、暂停运营等非正常运营信息。

第二十二条　城市轨道交通票价制定和调整按照国家有关规定执行。

城市轨道交通运营主管部门应当按照有关标准组织实施交通一卡通在轨道交通的建设与推广应用，推动跨区域、跨交通方式的互联互通。

第二十三条　城市轨道交通运营主管部门应当制定城市轨道交通乘客乘车规范，乘客应当遵守。拒不遵守的，运营单位有权劝阻和制止，制止无效的，报告公安机关依法处理。

第二十四条 城市轨道交通运营主管部门应当通过乘客满意度调查等多种形式，定期对运营单位服务质量进行监督和考评，考评结果向社会公布。

第二十五条 城市轨道交通运营主管部门和运营单位应当分别建立投诉受理制度。接到乘客投诉后，应当及时处理，并将处理结果告知乘客。

第二十六条 乘客应当持有效乘车凭证乘车，不得使用无效、伪造、变造的乘车凭证。运营单位有权查验乘客的乘车凭证。

第二十七条 乘客及其他人员因违法违规行为对城市轨道交通运营造成严重影响的，应当依法追究责任。

第二十八条 鼓励运营单位采用大数据分析、移动互联网等先进技术及有关设施设备，提升服务品质。运营单位应当保证乘客个人信息的采集和使用符合国家网络和信息安全有关规定。

第四章 安全支持保障

第二十九条 城市轨道交通工程项目应当按照规定划定保护区。

开通初期运营前，建设单位应当向运营单位提供保护区平面图，并在具备条件的保护区设置提示或者警示标志。

第三十条 在城市轨道交通保护区内进行下列作业的，作业单位应当按照有关规定制定安全防护方案，经运营单位同意后，依法办理相关手续并对作业影响区域进行动态监测：

（一）新建、改建、扩建或者拆除建（构）筑物；

（二）挖掘、爆破、地基加固、打井、基坑施工、桩基础施工、钻探、灌浆、喷锚、地下顶进作业；

（三）敷设或者搭架管线、吊装等架空作业；

（四）取土、采石、采砂、疏浚河道；

（五）大面积增加或者减少建（构）筑物载荷的活动；

（六）电焊、气焊和使用明火等具有火灾危险作业。

第三十一条 运营单位有权进入作业现场进行巡查，发现危及或者可能危及城市轨道交通运营安全的情形，运营单位有权予以制止，并要求相关责任单位或者个人采取措施消除妨害；逾期未改正的，及时报告有关部门依法处理。

第三十二条 使用高架线路桥下空间不得危害城市轨道交通运营安全，并预留高架线路桥梁设施日常检查、检测和养护维修条件。

地面、高架线路沿线建（构）筑物或者植物不得妨碍行车瞭望，不得侵入城市轨道交

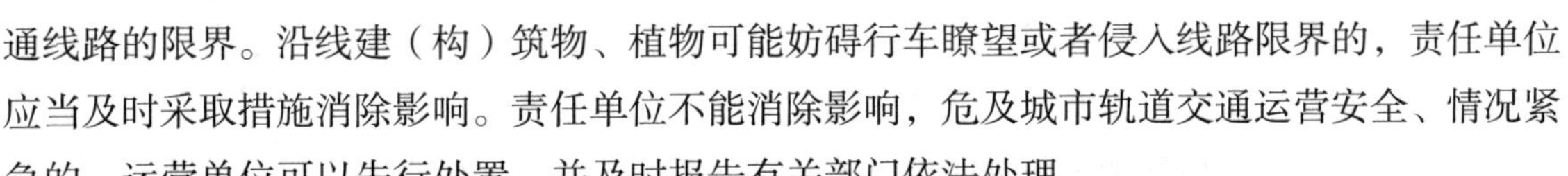

通线路的限界。沿线建（构）筑物、植物可能妨碍行车瞭望或者侵入线路限界的，责任单位应当及时采取措施消除影响。责任单位不能消除影响，危及城市轨道交通运营安全、情况紧急的，运营单位可以先行处置，并及时报告有关部门依法处理。

第三十三条　禁止下列危害城市轨道交通运营设施设备安全的行为：

（一）损坏隧道、轨道、路基、高架、车站、通风亭、冷却塔、变电站、管线、护栏护网等设施；

（二）损坏车辆、机电、电缆、自动售检票等设备，干扰通信信号、视频监控设备等系统；

（三）擅自在高架桥梁及附属结构上钻孔打眼，搭设电线或者其他承力绳索，设置附着物；

（四）损坏、移动、遮盖安全标志、监测设施以及安全防护设备。

第三十四条　禁止下列危害或者可能危害城市轨道交通运营安全的行为：

（一）拦截列车；

（二）强行上下车；

（三）擅自进入隧道、轨道或者其他禁入区域；

（四）攀爬或者跨越围栏、护栏、护网、站台门等；

（五）擅自操作有警示标志的按钮和开关装置，在非紧急状态下动用紧急或者安全装置；

（六）在城市轨道交通车站出入口 5 米范围内停放车辆、乱设摊点等，妨碍乘客通行和救援疏散；

（七）在通风口、车站出入口 50 米范围内存放有毒、有害、易燃、易爆、放射性和腐蚀性等物品；

（八）在出入口、通风亭、变电站、冷却塔周边躺卧、留宿、堆放和晾晒物品；

（九）在地面或者高架线路两侧各 100 米范围内升放风筝、气球等低空飘浮物体和无人机等低空飞行器。

第三十五条　在城市轨道交通车站、车厢、隧道、站前广场等范围内设置广告、商业设施的，不得影响正常运营，不得影响导向、提示、警示、运营服务等标识识别、设施设备使用和检修，不得挤占出入口、通道、应急疏散设施空间和防火间距。

城市轨道交通车站站台、站厅层不应设置妨碍安全疏散的非运营设施。

第三十六条　禁止乘客携带有毒、有害、易燃、易爆、放射性、腐蚀性以及其他可能危及人身和财产安全的危险物品进站、乘车。运营单位应当按规定在车站醒目位置公示城市轨道交通禁止、限制携带物品目录。

第三十七条 各级城市轨道交通运营主管部门应当按照职责监督指导运营单位开展反恐防范、安检、治安防范和消防安全管理相关工作。

鼓励推广应用安检新技术、新产品，推动实行安检新模式，提高安检质量和效率。

第三十八条 交通运输部应当建立城市轨道交通重点岗位从业人员不良记录和乘客违法违规行为信息库，并按照规定将有关信用信息及时纳入交通运输和相关统一信用信息共享平台。

第三十九条 鼓励经常乘坐城市轨道交通的乘客担任志愿者，及时报告城市轨道交通运营安全问题和隐患，检举揭发危害城市轨道交通运营安全的违法违规行为。运营单位应当对志愿者开展培训。

第五章　应急处置

第四十条 城市轨道交通所在地城市及以上地方各级人民政府应当建立运营突发事件处置工作机制，明确相关部门和单位的职责分工、工作机制和处置要求，制定完善运营突发事件应急预案。

运营单位应当按照有关法规要求建立运营突发事件应急预案体系，制定综合应急预案、专项应急预案和现场处置方案。运营单位应当组织专家对专项应急预案进行评审。

因地震、洪涝、气象灾害等自然灾害和恐怖袭击、刑事案件等社会安全事件以及其他因素影响或者可能影响城市轨道交通正常运营时，参照运营突发事件应急预案做好监测预警、信息报告、应急响应、后期处置等相关应对工作。

第四十一条 运营单位应当储备必要的应急物资，配备专业应急救援装备，建立应急救援队伍，配齐应急人员，完善应急值守和报告制度，加强应急培训，提高应急救援能力。

第四十二条 城市轨道交通运营主管部门应当按照有关法规要求，在城市人民政府领导下会同有关部门定期组织开展联动应急演练。

运营单位应当定期组织运营突发事件应急演练，其中综合应急预案演练和专项应急预案演练每半年至少组织一次。现场处置方案演练应当纳入日常工作，开展常态化演练。运营单位应当组织社会公众参与应急演练，引导社会公众正确应对突发事件。

第四十三条 运营单位应当在城市轨道交通车站、车辆、地面和高架线路等区域的醒目位置设置安全警示标志，按照规定在车站、车辆配备灭火器、报警装置和必要的救生器材，并确保能够正常使用。

第四十四条 城市轨道交通运营突发事件发生后，运营单位应当按照有关规定及时启动相应应急预案。运营单位应当充分发挥志愿者在突发事件应急处置中的作用，提高乘客自救互救能力。

现场工作人员应当按照各自岗位职责要求开展现场处置，通过广播系统、乘客信息系统和人工指引等方式，引导乘客快速疏散。

第四十五条　运营单位应当加强城市轨道交通客流监测。可能发生大客流时，应当按照预案要求及时增加运力进行疏导；大客流可能影响运营安全时，运营单位可以采取限流、封站、甩站等措施。

因运营突发事件、自然灾害、社会安全事件以及其他原因危及运营安全时，运营单位可以暂停部分区段或者全线网的运营，根据需要及时启动相应应急保障预案，做好客流疏导和现场秩序维护，并报告城市轨道交通运营主管部门。

运营单位采取限流、甩站、封站、暂停运营措施应当及时告知公众，其中封站、暂停运营措施还应当向城市轨道交通运营主管部门报告。

第四十六条　城市轨道交通运营主管部门和运营单位应当建立城市轨道交通运营安全重大故障和事故报送制度。

城市轨道交通运营主管部门和运营单位应当定期组织对重大故障和事故原因进行分析，不断完善城市轨道交通运营安全管理制度以及安全防范和应急处置措施。

第四十七条　城市轨道交通运营主管部门和运营单位应当加强舆论引导，宣传文明出行、安全乘车理念和突发事件应对知识，培养公众安全防范意识，引导理性应对突发事件。

第六章　法律责任

第四十八条　违反本规定第十条、第十一条，城市轨道交通工程项目（含甩项工程）未经安全评估投入运营的，由城市轨道交通运营主管部门责令限期整改，并对运营单位处以2万元以上3万元以下的罚款，同时对其主要负责人处以1万元以下的罚款；有严重安全隐患的，城市轨道交通运营主管部门应当责令暂停运营。

第四十九条　违反本规定，运营单位有下列行为之一的，由城市轨道交通运营主管部门责令限期改正；逾期未改正的，处以5 000元以上3万元以下的罚款，并可对其主要负责人处以1万元以下的罚款：

（一）未全程参与试运行；

（二）未按照相关标准对从业人员进行技能培训教育；

（三）列车驾驶员未按照法律法规的规定取得职业准入资格；

（四）列车驾驶员、行车调度员、行车值班员、信号工、通信工等重点岗位从业人员未经考核上岗；

（五）未按照有关规定完善风险分级管控和隐患排查治理双重预防制度；

（六）未建立风险数据库和隐患排查手册；

（七）未按要求报告运营安全风险隐患整改情况；

（八）未建立设施设备检查、检测评估、养护维修、更新改造制度和技术管理体系；

（九）未对设施设备定期检查、检测评估和及时养护维修、更新改造；

（十）未按照有关规定建立运营突发事件应急预案体系；

（十一）储备的应急物资不满足需要，未配备专业应急救援装备，或者未建立应急救援队伍、配齐应急人员；

（十二）未按时组织运营突发事件应急演练。

第五十条 违反本规定第十八条、第四十六条，运营单位未按照规定上报城市轨道交通运营相关信息或者运营安全重大故障和事故的，由城市轨道交通运营主管部门责令限期改正；逾期未改正的，处以 5 000 元以上 3 万元以下的罚款。

第五十一条 违反本规定，运营单位有下列行为之一，由城市轨道交通运营主管部门责令限期改正；逾期未改正的，处以 1 万元以下的罚款：

（一）未向社会公布运营服务质量承诺或者定期报告履行情况；

（二）运行图未报城市轨道交通运营主管部门备案或者调整运行图严重影响服务质量的，未向城市轨道交通运营主管部门说明理由；

（三）未按规定向乘客提供运营服务和安全应急等信息；

（四）未建立投诉受理制度，或者未及时处理乘客投诉并将处理结果告知乘客；

（五）采取的限流、甩站、封站、暂停运营等措施，未及时告知公众或者封站、暂停运营等措施未向城市轨道交通运营主管部门报告。

第五十二条 违反本规定第三十二条，有下列行为之一，由城市轨道交通运营主管部门责令相关责任人和单位限期改正、消除影响；逾期未改正的，可以对个人处以 5 000 元以下的罚款，对单位处以 3 万元以下的罚款；造成损失的，依法承担赔偿责任；情节严重构成犯罪的，依法追究刑事责任：

（一）高架线路桥下的空间使用可能危害运营安全的；

（二）地面、高架线路沿线建（构）筑物或者植物妨碍行车瞭望、侵入限界的。

第五十三条 违反本规定第三十三条、第三十四条，运营单位有权予以制止，并由城市轨道交通运营主管部门责令改正，可以对个人处以 5 000 元以下的罚款，对单位处以 3 万元以下的罚款；违反治安管理规定的，由公安机关依法处理；构成犯罪的，依法追究刑事责任。

第五十四条 城市轨道交通运营主管部门不履行本规定职责造成严重后果的，或者有其他滥用职权、玩忽职守、徇私舞弊行为的，对负有责任的领导人员和直接责任人员依法给予处分；构成犯罪的，依法追究刑事责任。

第五十五条　地方性法规、地方政府规章对城市轨道交通运营违法行为需要承担的法律责任与本规定有不同规定的，从其规定。

第七章　附　则

第五十六条　本规定自 2018 年 7 月 1 日起施行。

参 考 文 献

［1］徐新玉．城市轨道交通员工职业素养［M］．北京：人民交通出版社，2013.

［2］高蓉．城市轨道交通服务礼仪［M］.2 版．北京：人民交通出版社股份有限公司，2017.

［3］人力资源和社会保障部教材办公室，广州市地下铁道总公司．站务人员［M］．北京：中国劳动社会保障出版社，2009.

［4］朱晓宁．旅客运输心理学［M］．北京：中国铁道出版社，2013.

［5］许湘岳，蒋璟萍，费秋萍．礼仪训练教程［M］．北京：人民出版社，2012.

［6］向莉，岳继勇．民航服务心理［M］．北京：科学出版社，2013.

［7］张黎宁，刘丽新．民航客舱服务［M］．北京：高等教育出版社，2007.

［8］韩瑛．民航客舱服务与管理［M］.2 版．北京：化学工业出版社，2017.